KB188674

어른을 위한
고전의 숲

어른을 위한 고전의 숲

삶이 풍요로워지는
여덟 번의 동양 고전 수업

강경희 지음

포레스트북스

고전, 지식과 지혜의
나이테를 품은 숲

'위로받고 싶어요.'

어느 학기 개강 첫날, 강의에서 무엇을 원하는지에 대한 설문 답안 중에 내 눈길을 사로잡았던 말이다. 그 엉뚱한 대답으로 말미암아 문학으로 치유하기에 대한 고민이 시작되었다. 무기명 설문이라 누군지도 모르는 그 학생의 말이 내 가슴에 깊이 들어왔던 그 순간. 바로 그때가 이 책이 세상에 태어난 인연에 대한 첫 기억이다.

'나는 왜 행복하지 않을까?' 이 물음을 하루도 빼놓지 않고 품었던 적이 있다. 간절히 품은 질문은 자석과 같아 반드시 해답을 끌어당긴다. 그 자력의 세기는 간절함에 비례한다. 나는 왜 행복하지 않을까? 어떻게 하면 행복할 수 있을까? 묻고 또 물으며 캄캄한 밤길을 헤맸다. 길은 길에서 길로 끊임없이 이어졌고, '고전의 숲'에서 내 인생의 멘토를 하나씩 만났다.

그 숲은 아름다웠고 신비로웠다. 속으로 눈물을 삼키며 어른이 되어가는 동안 꼭꼭 숨겨놓고 돌보지 못한 상처들에게 숲은 바람과 햇살과 새들의 노래를 아낌없이 나눠주었다. 나뭇잎 사이를 비집고 지나가는 맑은 바람 소리가 어지러운 마음을 구름처럼 흩어버리고, 말갛게 비워진 그 자리에 살포시 새소리가 들어앉는 곳. 나무 꼭대기부터 구석구석 쓰다듬으며 내려오는 햇살이 온몸을 감싸안는 숲에서 지혜의 샘물을 마셨다. 치유의 비밀이 살아 있는 숲에서 오래된 것들이 주는 위로를 받았다.

대붕의 눈으로 쓸모 너머에 있는 삶의 본래면목을 알려준 장자, 시류에 곁붙지 않고 사람의 길을 걸어가는 의연함을 보여준 공자, 빗속에서 춤추는 기쁨을 가르쳐준 소동파, 죽음을 직시하고 온 존재를 거는 용기를 보여준 사마천, 실패에서 실패로 유연하게 넘나들었던 관중, 아픈 감정을 어루만지는 방법을 알려준 시경·당시·송사, 변화의 법칙 속에 깃든 하늘 뜻을 알려준 주역.

숲에서 만난 멘토들이 내게 들려준 이 글은 나를 치유하는 고전 읽기에 관한 그간의 내 경험을 강의실에서 학생들과 함께 나눴던 기록이다. 각 장이 독립된 주제로 이루어져 있으므로 순서와 관계없이 읽어도 괜찮지만, 여섯 번째 파트와 일곱 번째 파트는 순서대로 연결해서 함께 읽어주기 바란다. 이 두 장은 치유로서의 시 쓰기에 관한 내용인데, 전자는 그것을 통해 어떻게 스스로의 아픔을 어루만지는지, 후자는 어떻게 새로운 통찰로 나아가는지를 다루었다.

머리가 아닌 가슴으로, 내 문제를 가지고 이들과 깊이 대화하다 보니 행복하지 않다는 느낌이 더 이상 나를 불행하게 만들지 못했다. 삶의 기술이 형편없었던 내가 제법 맷집이 세진 것이었다. 이제 와 돌아보니 그들과의 사귐은 내가 알지 못했던 내 안의 더 큰 나를 찾아가는 여정이었다.

주머니가 작으면 큰 것을 담을 수 없고, 두레박줄이 짧으면 깊은 물을 길을 수 없다. 삶은 결국 자기 초월을 통해 작은 주머니를 점점 더 크게 키우고, 짧은 두레박줄을 점점 더 길게 만드는 과정이다. 아마도 그 과정은 죽는 날까지 계속될 것이다.

그 길에서 지혜가 다하고, 힘이 다하여 어디로 가야 할지 알 수 없을 때, 고전의 숲으로 돌아가 보기를 바란다. 거기서 위로와 치유를, 새로운 존재의 가능성을 모색할 힘과 지혜를 얻게 될 것이다. 자기만의 고전 읽기를 통해 진짜 자기 자신을 만나는 기쁨을 느낄 수 있을 것이다.

위로받고 싶다고 했던 그 학생과 내가 하는 이야기에 똘망똘망한 눈빛으로 귀 기울여주던 학생들에게 특별한 고마움을 전하고 싶다. 이 책은 그들이 내게 준 선물이기도 하다. 끝으로 이 책이 세상에 나오도록 도와준, 보이는 그리고 보이지 않는 모든 인연에 깊이 감사드린다.

자기 존재를 스스로 가누려 애쓰는 모든 사람들의 분투를 응원하며.

2025년 3월

하주河洲 강경희

차례

삶은 풀어야 할 숙제가 아니라
겪어봐야 할 신비다

- 장자

세상이 부러워할 자리에 앉느니,
나는 오직 나로 남겠다

불가능이란 없다는 능력주의는 성과와 효율성으로 무장하고 일단 '성공'하라고 부추긴다. 게다가 향락 추구가 미덕인 소비사회에서 모든 능력과 지식은 자본화되어야 비로소 가치가 있다고 여겨진다. 부는 능력, 가난은 무능이라는 등식이 통용되고, 경쟁에서 지면 '쓸모없는' 인간이 되는 적자생존 사회에서 살아가는 우리는 늘 불안하다.

성과에 따른 상대평가에서 앞줄에 서지 못하면 '실패자'가 되므로 경쟁에서 탈락하지 않기 위해 끊임없이 자기관리를 하며 인생을 잘 경영해야 한다. 그래서 인류 역사상 가장 풍요롭고 편리한 생활을 누리는 우리는 역설적이게도 매일 벼랑 끝에 서 있는 느낌을 갖고 불안하게 살아간다. 그런 불안으로 인해 어디로 가는지도 모르면서 앞만 보고 내달리는 군중 속에 뛰어들어 함께 달린다. 함께 달리기라도 해야 덜 불안하기 때문이다. 그러나 묻지 않을 수 없다. 우리는 도대체 어디로 가고 있는가?

통일제국이라는 하나뿐인 의자에 앉기 위해 수많은 국가가 경쟁했던 춘추전국시대는 상대를 죽이지 못하면 자신이 죽어야 하는 처참한 시대였다. 존망을 건 치열한 각축전에서 살아남기 위해 모든 국가는 부국강병에 총력을 기울여야 했고, 실무에 능한 전문가를 초빙하는 데 혈안이 되었다. 언제나 경쟁자보다 더 빨리, 더 강해져야 했으므로 단기간에 최상의 성과를 낼 수 있는 능력이 중시되었다.

씨족공동체 질서에서 국가 질서로 재편되는 거센 변화의 소용돌이와 함께 약육강식의 무한 경쟁으로 피폐해진 절망스러운 시대, 그 안에서 장자莊子(B.C.369?~B.C.286?)는 개체로서의 인간의 삶에 대해 숙고했다. "우리는 어디에서 왔는가? 우리는 무엇인가? 우리는 어디로 가는가?"

개체의 생명을 절대적으로 긍정하여 그보다 더 우위에 있는 가치는 없다고 역설한 장자의 이야기는 얼굴도 모르는 불안 속에서 정신없이 내달리기만 하는 이 시대의 많은 이에게 여전히 유효한 프레임을 제시한다. 앞만 보고 달리던 분주한 발걸음을 잠시 멈추고 장자의 눈으로 삶과 이 세상을 새로이 들여다보자.

장자의 이름은 주周이고, 지금의 허난성과 안후이성의 경계 지점에 있는 몽 출신이다. 전국시대를 살았으나 정확한 생몰년은 알 수 없고 맹자와 동시대 사람으로 추정할 뿐이다. 그리고 칠원의 관리를 지냈다고 한다. 사마천의 『사기』에 적힌 그의 이력은 이것이 전부이다.

남의 이목을 끌 만한 걸출한 경력이라고는 하나도 찾아볼 수 없지만 장자는 "매우 박학해서 통달하지 않은 것이 없었다"고 한다. 학식이 매우 넓고 깊어 이르지 못하는 데가 없었음을 알 수 있다. 그런데도 그가 세상에 쓰이지 못했던 것은 "언사가 거센 물결처럼 자유분방해 왕공대인들로부터 훌륭한 인재로 평가받지 못했"던 탓이다. 그의 사상은 당시 기득권층이 받아들이기 어려운 수준으로 매우 진보적이었다.

『사기』에 이와 관련된 에피소드가 실려 있다. 초나라 위왕이 장자가 박식하고 현명하다는 말을 듣고 재상으로 초빙하기 위해 천금의 예물을 갖추어 사신을 보냈다. 그러자 장자는 사신에게 이렇게 말했다.

천금은 큰 이익이고 재상이란 지위는 존귀한 자리요. 그런데 당신은 교외에서 지내는 교사제에서 희생으로 쓰이는 소를 본 적이 없소? 수년 동안 배불리 먹인 뒤 그 소에게 무늬 있는 옷을 입히고 태묘로 끌고 가오. 그 순간에 소가 자신이 단지 버려진 송아지이기를 바랄지라도 그것이 어찌 가능하겠소? 당장 나가시오! 나를 더럽히지 마시오! 차라리 더러운 시궁창에서 노닐며 즐거워할지언정 나라를 가진 제후에게 구속당하지는 않겠소. 죽을 때까지 벼슬하지 않고 나의 마음을 즐겁게 할 것이오.

(『사기』 「노자한비열전」)

장자는 재상이라는 자리에 오르는 것을 두고 희생 제물로 쓰이는 소와 같다고 말한다. 얼마간의 물질적 안락함을 줄지는 몰라도 결국에는 죽어서 제사 고기로 희생되는 소처럼 한 개인의 생명과 자유를 빼앗아갈 만큼 폭력적인 것이라 생각했다. 이처럼 장자는 개체의 삶을 억압하는 그 어떤 것도 거부했다.

『장자』 「추수」 편에도 초나라 왕이 사신을 보내 장자를 초빙한 이야기가 나온다. 장자는 낚시를 하던 중이었는데 사신들이 있는 쪽을 돌아보지도 않은 채 말했다.

제가 듣기에 초나라에 죽은 지 삼천 년이나 된 신령스러운 거북이神龜가 있는데 왕께서 그것을 천으로 싸서 상자에 넣고 묘당 위에 소중하게 간직한다고 하더군요. 그 거북이가 죽어서 딱지가 소중하게 받들어지기를 바랐겠소? 살아서 진흙 속에 꼬리를 끌며 다니길 바랐겠소?

거북이가 죽어서 고귀하게 되는 것보다는 차라리 진흙탕에서 꼬리를 끌며 사는 것이 낫다는 뜻의 사자성어 예미도중曳尾塗中이 바로 여기에서 유래했다. 벼슬하며 구속된 삶을 사느니 빈천해도 자유롭게 사는 삶이 좋다는 뜻으로 쓰인다.

이런 이야기들 때문에 장자 사상이라고 하면 대다수가 세속적 가치를 부정하고 산속에 들어가 사는 은사隱士의 이미지를 떠올린다. 세상의 이런저런 꼴을 보지 않고 자기마음 편한 바를 택해 자연으로 돌아가는 것으로 널리 이해되었기 때문이다. 하지만 이러한 일반적인 생각과 달리 장자는 세속을 떠나 살지 않았다.

천지자연과 더불어 정신을 교류하면서도 스스로 뽐내어 다른 사물을 경시한 적이 없었다. 옳고 그름을 따지지 않앗으며 세속에 섞여 살았다. (…) 위로는 천지를 만든 조물자와 함께 노닐었고, 아래로는 삶과 죽음, 처음과 끝을 넘어선 초월자와 벗이 되었다.

(『장자』「천하」)

장자는 시비와 생사를 초월한 차원에서 조물주와 자연과 더불어 노닐었지만 그렇다고 해서 저 높은 하늘에서 지상의 사물을 얕보지는 않았다. 모든 존재하는 것은 그 자체로 존귀하고 아름다우며, 거기에 어떤 우열도 없음을 역설하며 세속을 떠나지 않고 그 속에 섞여 살았다.

장자가 아내의 죽음에 노래를 불렀다는 유명한 이야기는 생사를 초월해 조물주와 노닐었던 정신적 경지가 잘 드러난다. 장자의 친구 혜시가 장자 아내의 부음을 듣고 문상을 갔더니 장자가 바닥에 두 다리를 쭉 뻗고 앉아 대야를 두드리며 신나게 노래를 부르고 있더란다. 혜시는 장자가 곡을 하지 않는 것은 그렇다 치더라도 노래를 부르는 것은 너무 지나치다고 생각했다. "함께 살며 자식을 키우고 같이 늙어가던 아내가 죽었는데 노래를 하다니 너무 심하지 않은가?"라고 질책하는 혜시에게 장자는 이렇게 대답했다.

그런 게 아니라네. 아내가 죽었는데 나라고 어찌 슬프지 않았겠는가? 처음엔 슬퍼했지. 그러다 가만히 그 근원을 생각해보니 본래 삶生이란 없는 것이었어. 삶이 없었을 뿐만 아니라 형체形도 없었고 심지어 기氣조차 없었지. 그저 흐릿하고 어두워 무엇인지 알 수 없는 어떤 것에 한데 섞여 있다가 변해서 기가 생기고, 기가 변해서 형체가 생기고, 형체가 변해서 태어나 산 것이지. 이제 다시 변해서 죽은 거야. 마치 봄여름가을겨울, 사계절이 순환하는 것처럼. 아내는 지금 천지라는 커다란 방에 편히 누워 있는데 내가 그 옆에서 울며불며 곡을 하는 것은 생명이 변화하는 이치理를 모르는 짓이라 생각되었지. 그래서 울기를 그쳤다네.

(『장자』「지락」)

'흐릿하고 어두워 무엇인지 알 수 없는 어떤 것芒芴'이 한데 섞여 있는 것을 태극太極, 무無라고들 부른다. 그것이 움직여 기가 생기고, 기가 변해서 형체가 생기고, 형체가 변해서 살아 있는 생명체가 생겨난다. 본래 없는 것에서 화하여 생명을 갖추게 된 것이 삶이다. 그러므로 살다가 죽는 것은 다시 원래대로 되돌아가는 일이다.

생명이 변화하는 이치는 이처럼 사계절이 한 치의 어김없이 차례대로 순환하는 것과 같다. 존재하는 모든 것은 누구 하나 예외 없이 소멸을 맞이하게 된다. 봄이 가면 여름이 오듯 자연스러운 일이니 슬퍼하고 절망할 이유가 없다. 장자는 이렇게 우주적 차원에서 삶과 죽음을 이해하고 받아들였다.

우물 안 개구리와는
바다를 논할 수 없으니

『장자』의 맨 처음에 나오는 대붕大鵬 이야기를 읽어보자.

북쪽 바다에 물고기가 있는데 이름을 곤鯤이라 한다. 곤의 크기는 몇천 리나 되는지 알 수 없다. 그것이 변해서 새가되면 이름을 붕鵬이라 한다. 붕의 등 넓이는 몇천 리나 되는지 알지 못한다. 힘차게 날아오르면 그 날개가 하늘에 가득 드리운 구름과 같다. 이 새는 바다 기운이 움직여 대풍이 일면 그 바람을 타고 남쪽 바다로 날아간다. (…) 붕이 남쪽 바다로 날아갈 때는 파도를 삼천 리나 일으키고,

회오리바람을 타고 하늘 높이 구만 리를 오른 뒤에야 유
월의 대풍을 타고 남쪽으로 날아간다. (…) 바람이 두텁지
않으면 큰 날개를 띄울 힘이 없다. 그러므로 구만 리나 올
라가야 날개 밑에 충분한 바람이 쌓이며 그런 뒤에야 바
람을 타고 푸른 하늘을 등에 진 채 아무 걸림 없이 남쪽을
향해 간다.

매미와 산비둘기가 그를 비웃는다. "우리는 힘껏 날아 느
릅나무 가지에 오르지. 때론 거기에도 이르지 못하고 땅에
곤두박질치기도 하는데, 저놈은 어째서 구만 리나 날아올
라 남쪽으로 가려 하는가?" (…) 이 작은 날짐승들이 어찌
대붕의 비상을 알겠는가? 작은 지혜는 큰 지혜에 미치지
못하고 짧은 수명은 긴 수명에 미치지 못한다.

(『장자』 「소요유」)

곤이라는 어마어마하게 큰 물고기가 붕이라는 새로
변한다는 황당하기 짝이 없는 이야기이다. 『장자』는 이렇게
비현실적이고 과장이 심한 이야기로 이루어져 있다. 중요한
동양철학서 중의 하나로 알려진 까닭에 막연히 철학 논문
같은 담론을 기대한 사람들은 많이 놀랄 수도 있다. 그러나
이솝우화처럼 '이야기'를 통해 철학을 전개하는 것이 바로

『장자』의 가장 큰 특징이다.

그렇다면 물고기가 새로 변하는 이야기를 통해 장자가 우리에게 하고 싶었던 말은 무엇일까? 생물학적 의미에서 물고기가 새로 변할 수 있다는 사실을 말하는 게 아니라는 것쯤은 누구나 단박에 알 수 있다. 이것은 자기 변형Self transformation에 관한 이야기이며, 그 변형은 의식의 수준에서 자기 인격과 관점의 변화를 겪는 체험을 말한다. 다시 말해 물고기의 의식 수준에서 붕새의 의식 수준으로 자기 변형이 일어난다는 것이다.

물속에 사는 물고기의 의식과 하늘을 나는 새의 의식은 천양지차일 것이다. 비유하자면 누워서 천장만 보던 갓난아기가 어느 날 자기 몸을 뒤집어서 방바닥을 보게 되는 것과 같은 수준의 경험이다. 누워 있을 때 보이는 세상과 엎드려서 보는 세상은 전혀 다르다. 이렇게 의식의 변화를 경험하면 그 이전과는 다른 관점으로 세상을 보고 이전과는 다른 방식으로 세상과 관계를 맺게 된다.

대붕은 너무나 커서 웬만한 바람이 불어서는 날 수 없다. 거센 태풍이 일어야만 거대한 몸을 실어 올릴 수 있다. 게다가 구만 리 상공까지 솟구쳐 올라가야 비로소 공기층이 새의 무게를 떠받칠 수 있고, 그제야 비로소 자신의 능력을 발휘해서 저 멀리 남쪽 바다로 날아간다.

매미와 산비둘기는 그 모습을 비웃는다. 뭐 하러 쓸데없이 커가지고서는 저렇게 힘들게, 그토록 먼 곳으로 날아가려고 애쓰는가? 지금 있는 곳에서 날아다니는 것도 충분히 높은데 말이다. 매미의 의식으로는 대붕의 의식을 이해할 수 없다. '작은 지혜와 큰 지혜'의 차이란 바로 장자가 말하려는 의식 수준과 세상 사람들의 의식 수준을 비유한다.

장자는 바로 이러한 이유 때문에 우화, 즉 은유와 문학적 수사를 동원한 이야기라는 서사 전략을 채택했다. 글을 읽는 독자가 논리적이고 분석적인 사고를 멈추고, 직관적인 통찰을 통해 이해하도록 고안한 것이다. 그가 펼치는 사유와 정신의 경지는 매미나 산비둘기와 같은 수준에서 이해될 수 없기에 논리적이고 분석적인 언어로 설명될 수 없다는 점을 너무나 잘 알고 있었기 때문이다.

『장자』의 이러한 특징을 「잡편」에서는 이렇게 설명한다. "종잡을 수 없는 큰 소리와 황당한 말, 밑도 끝도 없는 말로 전했다. (…) 천하가 혼탁해 바른말로 할 수 없다고 생각해 (…) 우화로 널리 퍼뜨렸다. (…) 말은 비록 들쭉날쭉하지만 기이해서 볼만하다."

장자가 우화라는 전략을 택한 것은 천하가 혼탁해서

일반적으로 통용되는 말하기 방식으로는 잘 설명할 수 없다고 판단했기 때문이라는 뜻이다. 그러나 세상 사람들은 논리적이지도 체계적이지도 않은, 종잡을 수 없고 밑도 끝도 없는 황당한 말이라는 바로 그 점 때문에 쓸모없다고 비판했다.

혜자가 장자에게 말했다. "내게 큰 나무가 있는데 사람들이 그것을 가죽나무라고 합디다. 줄기는 울퉁불퉁해 먹줄을 칠 수가 없고, 가지는 비비 꼬여 자를 댈 수 없어서 길에 서 있지만 목수들이 거들떠보지도 않지요. 그런데 지금 당신의 말도 이와 같아 쓸모가 없으니 사람들이 모두 외면합니다."

장자가 말했다. "(…) 당신에게 큰 나무가 있는데 쓸모가 없어 걱정인 듯합니다. 어째서 그 나무를 무하유지향無何有之鄕의 광대한 들에 심고 그 곁에서 마음 내키는 대로 한가로이 쉬면서 그 그늘에 유유히 누워 잠자지 못하는지요? 도끼에 찍힐 일도 누가 해 끼칠 일도 없는데, 어째서 쓸모가 없다고 걱정만 하십니까?"

(『장자』「소요유」)

'너무 커서 쓸모가 없다'는 말은 붕새 이야기에 나오는 작은 날짐승의 빈정거림과 같은 맥락에 놓여 있다. 세상 모든 이가 쓸모와 효용, 효율을 가치판단의 기준으로 삼는다. 그래서 쓸모없는 것은 모두 폐기되어야 하며, 비효율적인 것은 모두 악이라고 여겨진다. 세상은 쓸모없음과 비효율을 증오한다.

그런데 그 '쓸모'라는 것을 잘 따져보자. 장자는 나무가 재목이 되어야 쓸모 있다는 생각 자체를 문제 삼는다. 너무 커서 목수도 거들떠보지 않는 나무를 사람들은 쓸모없다고 여기고 길가에 버려두지만 장자는 전혀 다른 차원의 쓰임새를 알려준다.

아무것도 없는 텅 빈 곳, 목적이 없는 무위자연의 노님을 하는 곳인 무하유지향에 그 나무를 심어두고 그 아래에서 유유자적하며 즐길 수도 있다. 왜 꼭 나무를 목재로 쓸 생각만 하는가? **장자는 매미의 자리가 아닌 대붕의 자리에서 보면 우리가 늘 보는 모습이 아닌 전혀 다른 풍경이 펼쳐질 것이라 말한다.**

이처럼 너무나 크고 황당한 말에 담긴 그의 사상은 우리의 일상적인 의식 수준을 초월하는 차원에 있다. 우리는 이야기 속에서 그 메시지를 간취할 줄 알아야 한다.

우화는 그렇다. 똑같은 이야기를 들어도 듣는 이가 각자 자신의 수준에서 해석하기 때문에 이해하는 방식이 매우 다양하다. 이러한 특징 때문에 독자마다 『장자』 안에서 각자 자기 주머니 크기만큼 무언가를 담을 수 있다. 지금까지 『장자』에 관한 책이 셀 수 없을 만큼 많이 출간되어 나오는 이유이기도 하다.

아주 오래전 한나라 때부터 시작해 지금에 이르기까지, 동서양을 막론하고 모든 저자마다 자신이 처한 자리에서 만난 『장자』에 대한 사유를 다양하게 펼쳐왔다. 이러한 현상은 『장자』의 속내가 얼마나 깊은지를 잘 보여준다.

그런데 어떻게 물고기인 곤이 붕이라는 새로 자기 변형을 할 수 있을까? 물고기의 의식에서 새의 의식으로 변화하려면 어떻게 해야 할까? 자세한 이야기를 좀 더 들어보자.

우물 안 개구리에게는 바다를 이야기할 수 없다. 한곳에 매여 살기 때문이다. 여름벌레에게는 얼음을 이야기할 수 없다. 한 철에 매여 살기 때문이다. 하나만 아는 사람에게는 도를 말할 수 없다. 그가 받은 교육에 얽매어 있기 때문이다.

(『장자』「추수」)

한곳, 한 철에 매여 산다는 말은 이 세상 모든 존재는 공간과 시간의 제약을 받고 있다는 뜻이다. 우물에 사는 개구리에겐 우물이라는 공간이 그가 아는 세계의 전부다. 여름벌레는 가을이 오면 죽는다. 그러므로 개구리는 바다를 이해할 수 없고, 여름벌레는 얼음을 모른다. 한 가지 지식만 배운 사람은 그가 배운 지식에 한정되므로 그와 다른 것을 받아들이지 못한다. 인지부조화 때문이다.

이처럼 각각의 존재는 자신이 처한 시공간에서 각자가 속한 세계의 규칙을 내면화하며 자기만의 삶의 방식을 구축한다. 장자는 이것을 '성심成心'이라 불렀다. 성심이란 '이미 만들어진 마음'이라는 뜻으로 세상에 존재하는 모든 것은 성심을 가지고 있다.

성심은 시비, 선악, 미추, 귀천의 분별과 그로 인한 갈등의 뿌리이기도 하다. 특정한 공동체에 통용되는 성심을 절대적 기준으로 보편화할 때 인종차별, 종교 전쟁, 문화 간 충돌 같은 갈등과 불화가 발생한다. 세상에는 다양한 시스템이 공존하므로 언제 어디서나 통하는 성심은 있을 수 없다는 사실을 간과한 탓이다.

설결이 왕예에게 물었다. "모든 존재가 다 같이 옳다고 인정하는 것에 대해 아십니까?" "내가 그것을 어찌 알겠나?" (…) "사람이 습지에서 자면 허리가 아프고 반신불수가 된다. 그러나 미꾸라지도 그렇던가? 사람이 나무 위에 산다면 겁이 나서 벌벌 떨겠지. 그러나 원숭이도 그렇던가? 이 셋 중에 누가 올바른 거처正處를 안다고 할 수 있겠는가? 사람은 고기를 먹고, 순록은 풀을 먹고, 지네는 뱀을 달게 먹고, 올빼미는 쥐를 즐겨 먹지. 이 넷 중에서 누가 올바른 맛正味을 안다고 할 수 있겠는가? 원숭이는 원숭이와 짝을 맺고, 순록은 사슴과 사귀고, 미꾸라지는 물고기와 함께 놀지. 모장과 여희는 모든 사람이 아름답다고 여기지만 물고기는 보자마자 물속 깊이 들어가 숨고, 새는 보자마자 높이 날아가버리고, 사슴은 보자마자 얼른 달아나 버리지. 이 넷 중에 누가 올바른 아름다움正色을 안다고 할 수 있겠는가?"

(『장자』「제물론」)

세상의 모든 존재는 나름대로의 고유한 시스템에 속해 있으며 그 시스템은 무한히 다양할 수 있다. 그런데 어떻게 올바른 거처, 올바른 맛, 올바른 아름다움처럼 절대적인 기준이 존재할 수 있겠는가? 무한히 다양한 시스템이 존재하는 것, 그것이 바로 지금 여기에 실재하는 이 세계의 진정한 모습이다.

장자는 보편적으로 통용되는 절대적인 기준을 추구하려는 생각과 다양한 시스템이 존재하는 세계에 실재하는 삶과의 간극을 다음과 같이 일갈했다.

우리의 삶에는 끝이 있지만 앎에는 끝이 없다. 끝이 있는 삶으로 끝이 없는 앎을 따른다면 위태로울 것이다. 그런데도 계속 앎을 추구한다면 더욱 위태로울 따름이다.

(『장자』「양생주」)

다시 말하자면 "보고 싶은 대로 보지 말고, 보이는 대로 보라"는 것이다. 우리가 살아가는 이 세상에는 어떤 시스템을 막론하고 모든 것에 적용될 수 있는 단 하나의 보편적인 원칙이 있을 수 없다.

그런데 자기 안에 내면화된 성심은 거의 무의식적으로 작동하기 때문에 우리는 평소에 이를 의심하거나 문제 삼지 않고 살아간다. 그렇다면 언제 자신의 성심을 인식하게 될까? 그것이 통하지 않는 타자를 경험할 때이다.

주머니가 작으면 큰 것을 담을 수 없고, 두레박줄이 짧으면 깊은 물을 길을 수 없다.

옛날에 갈매기 한 마리가 날아와 노나라 교외에 내려앉았다. 왕은 몸소 그 새를 맞아들여 종묘 안에서 술을 마시게 하고 가장 아름다운 음악을 연주하며 소, 돼지, 양고기를 갖추어 대접했다. 새는 그만 눈이 아찔해져서 걱정하고 슬퍼하며 고기 한 조각도 먹지 않고 술도 한 잔 마시지 않은 채 사흘 만에 죽어버렸다.

이것은 자기를 기르는 방법으로 새를 길렀지, 새를 기르는 방법으로 새를 기르지 않았기 때문이다. 새는 깊은 숲에 둥지를 틀거나 풀밭이나 늪 위를 날아야 하고, 강이나 못에 떠다니고 미꾸라지나 피라미를 먹게 하며, 제 무리를 따라 살게 해야 만족한다. 사람의 소리도 듣기 싫어하는데 어찌 저 시끄러운 음악을 듣겠는가?

(『장자』「외편」)

노나라 군주는 다른 나라의 군주를 맞이하는 최고의 의전으로 갈매기를 극진하게 접대했다. 하지만 그것은 인간 세계에만 통용되는 방식이었으므로 갈매기는 먹지도 마시지도 못하고 죽어버렸다. 군주는 자기가 할 수 있는 한도 내에서 가장 좋은 것을 베풀었지만, 의도와는 전혀 다른 결과를 마주했다. 갈매기의 죽음 앞에서 그는 비로소 자신의 성심을 의식하고 그것이 누구에게나 통하는 것이 아님을 깨달았을 것이다.

공자는 일찍이 "남이 나에게 하기를 바라지 않는 것을 남에게 하지 말라己所不欲, 勿施於人"고 했고, 예수는 "남에게 대접받고자 하는 대로 남을 대접하라"고 했다. 이러한 상호성의 도덕원리는 곧 자신이 원하지 않는 것이라면 분명 남도 원치 않을 것이며, 자신이 원하는 것은 다른 사람도 원한다는 생각을 전제로 한다.

그런데 위에 든 장자의 이야기는 '나'라는 주체의 판단이 설령 상대를 배려하려는 의도에서 나온 것이라 할지라도 그 의도와 전혀 상관없이 상대에게 치명적인 폭력으로 작동할 수 있음을 일깨워준다. '남이 나에게 하기를 원하지 않는 것'을 남에게 행하는 것이 관계에 나쁜 만큼 '내가 남에게 대접을 받고자 하는' 대로 남에게 베푸는 것 역시 나쁜 결과를 낳을 수 있다는 얘기다.

문제는 타인에게 있지 않다,
당신 안에 있다

그렇다면 타자와 관계를 맺을 때 어떻게 해야 이런 일을 피할 수 있을까?

사물의 대립되는 양면이 본래 하나였음을 모르고 한쪽으로 치우친 편견에 고집스레 매달려 마음을 지치게 하는 것을 '아침에 셋'이라고 한다. 원숭이 사육사가 원숭이들에게 도토리를 주면서 "아침에 세 개, 저녁에 네 개를 주겠다"고 했다. 원숭이들이 모두 성을 냈다. 그러자 그는 "그럼 아침에 네 개, 저녁에 세 개를 주겠다"고 말했다. 원숭이들이 모두 기뻐했다.

명목이나 실질에 아무런 차이가 없는데도 전자는 원숭이를 화나게 했고 후자는 기쁘게 했다. 원숭이 사육사는 원숭이들이 원하는 대로 따랐을 뿐이다. 그러므로 성인은 어느 한쪽으로 치우침 없이 '옳고 그름'을 조화시키고 '자연의 균형'에 편안해한다. 이것을 '두 길을 동시에 따른다, 즉 양행兩行'이라고 말한다.

(『장자』 「제물론」)

일반적으로 조삼모사朝三暮四는 얕은꾀로 상대를 속인다는 뜻으로 널리 알려진 고사성어다. 하지만 이 이야기의 본래 출전인 『장자』에서는 그런 의미로 쓰이지 않았다.

원숭이를 기르는 사람이 처음에 제안했던 방식은 그가 판단하기에 최선이었다. 나름 원숭이를 배려해서 결정한 것이다. 하지만 원숭이들은 그 제안에 화를 냈다. 그때 사육사는 자신의 제안이 원숭이를 위하는 마음에서 나온 것이라며 굳이 설명하거나 설득하려 하지 않았다. 대신 제안이 원숭이들에게 받아들여지지 않자 곧바로 자신의 판단을 내려놓고 새로운 제안을 했다. 다행히도 이번에는 원숭이들이 기뻐했다. 상대가 원하는 것으로 대했기 때문이다.

장자는 사육사가 보여주는 태도를 '양행'이라 보았다. 두 길을 동시에 따르려면 자신과 타자의 길을 함께 보아야 한다. 어떻게 두 길을 동시에 따를 수 있는가? 그것은 이쪽과 저쪽의 경계에 서 있을 때 가능하다. 마치 아슬아슬한 줄타기와 같다. 중심이 어느 한쪽으로 조금만 치우쳐도 한쪽으로 기울어지기 때문이다.

그렇다면 경계선에 서서 양행하기 위해서는 어떤 마음가짐이 요구되는가? 타자에게 민감하게 반응할 수 있는 마음 상태가 필요하다. 원숭이 사육사가 자신의 성심이 원숭이들에게 통하지 않음을 깨닫자 바로 자신의 판단을 내려놓았던 것처럼, 자기 안에서 나오는 소리를 닫고 상대의 소리를 들을 준비를 해야 한다. 장자는 그것을 '심재心齋', 즉 '마음 재계'라고 불렀다.

안회가 심재에 대해서 물었다. 공자가 대답했다. "마음을 하나로 모아라. 귀로 듣지 말고 마음으로 들어라. 마음으로 듣지 말고 기氣로 들어라. 귀로 듣는 것은 고작 소리뿐이고, 마음으로 듣는 것은 자신에게 부합되는 것만 알 뿐이다. 그러나 기로 듣는 것은 텅 빈虛 채로 무엇이나 다 있는 그대로 받아들인다. 도는 오로지 빈 곳에만 모여든다. 이렇게 비움이 바로 심재이다."

안회가 말했다. "제가 심재를 실천하기 전에는 실제로 제 자신 안회가 존재했지만 심재를 실천하자 그만 제가 없어졌습니다. 이것을 비움이라고 할 수 있습니까?"

(『장자』「인간세」)

마음을 재계한다는 것은 곧 '비움'이고, '비움'은 곧 자기 자신이 없는 상태, 망아忘我의 상태이다. 망아란 자기의 관점이나 판단을 내려놓는 것을 말한다. 판단을 멈출 때 비로소 상대의 목소리를 있는 그대로 들을 수 있는 섬세한 마음이 확보된다. 바로 그 자리에 상대가 있는 그대로의 모습 그대로 들어올 수 있는 빈자리가 만들어진다. 그곳에서는 보고 싶은 대로 보지 않고 보이는 대로 보고, 듣고 싶은 대로 듣지 않고 들리는 대로 들을 수 있다.

도가 모여드는 빈 곳이란 결국 자신의 에고_{Ego}가 사라진 상태를 말한다. 타자와의 진정한 소통은 이러한 마음을 가졌을 때 시작된다. '소통'이라는 단어는 '막힌 것이 트이다'라는 뜻의 소疏와 '서로 통하다'라는 뜻의 통通이 합해진 것이다. 막힌 것을 트는 과정에서 가장 먼저 요구되는 것이 바로 '심재'이다.

그러므로 친구 사이, 부부 사이, 부모 자식 사이, 연인 사이, 직장 상사와 부하 사이 등 수많은 관계에서 막혀 있다는 느낌이 들 때마다 자신을 잘 돌아봐야 한다. 그때 본인의 에고가 얼마나 꼿꼿이 고개를 들고 있는지 알아챈 적이 있는가?

그럴 때는 왜 상대가 내 마음을 몰라주는지 답답해하며 상대방을 두고 이러쿵저러쿵 판단한다. 그리고 상대가 잘못을 고치고 변화하기를 바란다. 이런 식으로 접근하면 그 관계는 쳇바퀴 돌 듯 한자리에서 맴돌 뿐이어서 소통이 이루어지기 어렵다. 타인에게서 문제의 해답을 찾으려 하는 대신 내면을 먼저 바라봐야 한다.

우리가 명심해야 할 것은 "상대를 판단하고 있을 때 오히려 우리가 우리 자신을 모르고 있다"는 사실이다. 그래서 장자는 자기 마음의 막힌 부분을 먼저 틔워야 함을 강조했다. 자기의 판단을 중지하는 '마음 비우기'가 선행되어야 상대와 자신을 조율할 수 있는 섬세한 마음을 확보할 수 있기 때문이다. 그래야만 비로소 자신과 상대 사이에 새로운 길이 열리는 '통'의 단계로 갈 수 있다.

여기서 주의할 점은 나를 잊고 나를 비우는 심재를 통해 타자와 새로운 길을 만드는 것은 타자의 입장을 수동적으로 따름을 의미하지 않는다는 사실이다. 수동적인 따름은 어느 한편이 다른 편과 같아지는 '동同'의 차원이다. 또한 문제를 분석하고 의견을 교환하며 협상하는 차원도 아니다. 상대편을 납득시키고 설득시키는 것은 더더욱 아니다. 그것은 모두 우리가 빈 마음의 상태를 확보하지 못했을 때 하는 행위들이다.

소통은 두 길을 동시에 가는兩行 능동적 행위이다. 자신과 타자의 경계선에 있으면서 새로운 관점을 고안해내는 창조적 과정이다. 물리학자 데이비드 봄의 『대화란 무엇인

가』의 관점에서 설명하자면, 양행이란 한편으로는 자신의
의견을 유보하고 관찰하며 다른 한편으로는 상대편의 의견
에 귀를 기울이고 그것을 관찰함으로써 무슨 의미인지 파
악하는 것을 말한다.

모든 의견이 의미하는 바를 알면 완전히 동의하지는
않더라도 공통된 내용을 서로 공유하게 된다. 이때 서로의
마음과 감정은 상대에게 맞춰져 있다. 서로 상대의 마음을
알며 또한 상대의 마음에 자신이 존재한다는 것을 안다. 단
순한 공감을 넘어서는 하나의 흐름으로서의 조화가 생긴다.

그렇게 서로의 의견을 이해할 때 길은 예고 없이 나타
난다. 그 길은 애초의 의견을 넘어서는 새롭고 창조적인 것
이다. 마치 서로 다른 두 개체가 새로운 조화를 이루어 운동
하게 되는 공명현상처럼. 그러므로 소통이란 각 개체의 개
성과 고유성을 인정하며 그 다양성을 조화롭게 끌어안아
진정한 화합을 이루는 '화和'의 세계에 있다.

『장자』에 나오는 애태타는 자기 비움을 통한 양행으로
소통의 달인이 되었으며, 누구에게나 사랑받는 사람이었다.

위나라에 못생긴 사람이 있는데 이름이 애태타라고 한답
니다. 남자들이 그와 함께 있으면 사모하며 떠나질 못하

고, 여자들이 그를 만나면 다른 이의 아내가 되느니 차라리 그의 첩이 되겠다고 부모에게 청한답니다. (…)

아직까지 그가 자기주장을 하는 말을 들어본 적이 없고, 늘 다른 사람들과 화합할 따름입니다. 군주의 자리에서 다른 사람의 목숨을 구해주는 것도 아니요, 재산이 많아 사람들의 배를 채워주는 것도 아니요, 게다가 그 흉한 꼴이란 온 세상을 깜짝 놀라게 할 정도랍니다. 타인과 화합할 뿐 제 주장을 내세우지 않고, 그가 아는 것이 사방 먼 곳에까지 미치지 못하는 데도 남녀가 그 앞에 모여든답니다. 그에게는 분명 다른 사람과는 다른 점이 있을 겁니다.

(『장자』「덕충부」)

권력, 부, 학식, 미모, 그중 어느 하나도 가지지 못한 애태타가 이렇게 많은 사람들에게 사랑을 받다니 놀랍기 그지없다. 참된 친구에 대해 한번 생각해보자. 그 친구가 권력과 부와 미모를 가지고 있어서 참된 친구라고 말하는 사람은 아마 없을 것이다. 그런 것들은 이해관계가 맺어지는 조건 중 하나일 뿐이며, 시간과 더불어 허망하게 사라질 뿐이다.

데일 카네기는 "사람들의 관심을 얻기 위해 노력하는

이 년보다는 사람들에게 진정한 관심을 가지며 보내는 두 달 동안 더 많은 친구를 만들 수 있다"라고 말했다. 애태타가 모든 사람으로부터 사랑받는 이유도 바로 상대방에 대한 이해와 공감 능력에 있다.

그는 자기주장을 하는 법이 없었다. 상대방에 대한 깊은 이해와 공감은 자기를 잊고 마음을 비우는 '판단 중지'로부터 시작된다. 존재와 존재 사이에 새로운 길을 만드는 진정한 소통의 첫걸음이다.

우리는 이렇게 타자와 마주치고 소통하며 끊임없이 변화한다. 태어나 자의식이 생기기 시작하면서부터 인간은 수많은 타자와 조우하며 자기를 둘러싼 세계와 소통한다. 우리는 매 순간 타자와의 마주침과 소통을 통해 타자와 자신 사이에 새로운 길을 만들며 지금의 모습이 되었다. 비록 알아채지는 못했을지라도 그것은 우리 삶의 무늬를 짜는 창조 과정이며, 죽을 때까지 계속된다.

이것이 바로 물고기 곤이 붕새가 되는 '자기 변형'이다. 과거의 허다한 성심이 죽고 매번 새로운 성심을 형성하는 일이며, 과거의 자기가 죽고 새로운 자기가 태어나는 과정이다. 니체가 "진실로 나는 백 개나 되는 영혼을 가로질러 나의 길을 걸어왔으며 백 개나 되는 요람과 해산의 고통을 겪으며 나의 길을 걸어왔다"라고 한 것처럼.

삶이 흐르는 대로
살아갈 것

그렇다면 이제 "우리는 어디서 왔는가? 우리는 무엇인
가? 우리는 어디로 가는가?"라는 질문을 가지고 지금까지
이어져 온 자신의 삶을 뒤돌아보자. 어떤 마주침이 있었는
지, 그것과 어떻게 소통했는지, 자신의 삶에 어떤 변화가 일
어났는지 한번 곰곰이 생각해보라. 그리고 생각나는 것들을
하나씩 적어보자.

지금의 자기를 만든 것들의 역사가 확실하게 드러나
고 과거로부터 현재까지 각자가 그려온 삶의 무늬가 보일
것이다. 틈틈이 생각나는 것을 적다 보면 지금의 자기 자신
을 더 깊이 알 수 있고, 스스로도 미처 몰랐던 모습까지 새
로이 알게 될 것이다. 그리고 거기에는 어김없이 마주침과
소통, 죽음과 탄생이라는 자기 변형의 과정이 수없이 반복
되었음을 알게 될 것이다.

장자는 타자와 조우하고 소통하면서 끊임없이 변화하

당신만의 고유한 삶을 살아라.
남의 평가 따위는 아랑곳하지 말아라.
삶의 의미와 가치는
결코 남들의 평판에 달려 있지 않다.

는 그것이 바로 인생의 길, 즉 '도道'라고 생각했다. 그 "길은 걸어가서 만들어지는 것"이므로, 장자에게 도란 각자 자신의 길을 걸어감으로써 생긴 흔적이었다.

우리 모두는 미래가 어떻게 펼쳐질지 한 치 앞도 내다볼 수 없다. 그것이 인간의 운명이자 조건이다. 혹시 살면서 그런 기분을 느낀 적이 없는가? 지금 서 있는 여기 이 모습이 전에 한 번도 그려보지 못한 자기 모습이라는 사실이 불현듯 느껴질 때, 아무리 미래를 계획해도 그대로 되지 않는 것이 인생이라는 걸 가슴 먹먹하게 느낄 때가.

그러므로 현존하는 인생의 본래적 모습은 타자와의 우발적 마주침과 소통을 통해 이전과는 다른, 예기치 못한 새로운 삶을 살아가는 것과 같다. 그렇게 끊임없이 변화하는 삶의 길은 누구도 예측할 수 없고, 합리적인 이성으로 다 이해할 수도 설명할 수도 없다. 장자는 그것을 일러 '운명命'이라 했다.

이렇게 수많은 우발적 마주침과 소통을 통해 만들어지는 인생길을 걸어간다면, 어떻게 그렇게 되는 것인지도 모르고 그렇게 되어지는 것이 인간의 운명이라면, 그렇다면 우리는 결국 어떤 태도로 길을 걸어가야 행복할 수 있을까?

혜자가 장자에게 말했다. "위왕이 큰 박씨를 주어 심었더니 다섯 섬이나 들어가는 큰 박이 열렸소. 물을 담자니 무거워 들 수가 없고, 쪼개서 바가지로 쓰자니 얕아서 아무것도 담을 수가 없었지요. 확실히 크기는 컸지만 아무 쓸모가 없어서 부숴버리고 말았답니다."

장자가 말했다. "당신은 큰 것을 쓰는 데 매우 서툴군요. (…) 다섯 섬이나 들어가는 큰 박이 있다면서 그 속을 파서 큰 술통을 만들어 강이나 호수에 띄워 즐기지를 못하고 얕아서 쓸모가 없다는 걱정만 하는구려. 당신은 마음이 꽉 막혀 있군요."

(『장자』 「소요유」)

지금 이 세상이 요구하는 쓸모와 효율이라는 기준 안에 자기 존재와 자기 삶을 가두어 놓지 말자. 그것은 '꽉 막힌 마음'이니까. **쓸모와 효율을 넘어선 다른 차원에서 보면 아무짝에도 쓸데없어 보이는 큰 박을 술동이로 만들어 강에 띄워 놓고 즐길 수도 있는 것이다. 그렇게 이 세상을 즐겁게 향유하며 걸어가는 것, 그것이 바로 장자가 우리에게 일러주는 행복하게 사는 비법이다.**

곤이라는 물고기가 보는 바다와 붕새가 보는 바다는

차원이 다르다. 곤에게 바다는 삶의 터전이지만, 붕에게 바다는 미적 향유 대상이다. 곤이 붕으로 변화되는 자기 변형을 통해 세계를 미적 향유의 대상으로 보게 되듯이, 우리도 소통과 자기 변형을 통해 이 지구에 소풍 온 것처럼 살다 갈 수 있다.

여기에 이르면 『장자』의 첫 번째 장 제목이 '소요유逍遙遊'라는 것이 의미심장하게 다가온다. '소요'란 목적 없이 천천히 거니는 모습을 형용하는 말인데, 그 의미가 확대되어 구속됨이 없이 자유자재하다는 뜻으로 쓰인다. 그러므로 '소요유'란 '어떤 것에도 구속됨이 없는 자유자재한 노닐음'을 의미한다. 그것이 바로 '소풍'이 아닌가? 더 많이 소유하고, 더 많이 인정받기 위해 악착같이 살아가는 차원이 아닌, 세상과의 어떤 이해관계도 없는, 마치 소풍처럼 가볍고 자유자재한 삶의 경지가 분명 존재한다고 장자는 힘주어 말한다.

"삶은 풀어야 할 숙제가 아니라 경험해야 할 신비"라는 말이 있다. 생명으로 살아가는 것, 그것은 바로 세상에 뿌려진 신비를 경험하는 과정이며 그 경험의 흔적이 바로 각자가 살아가는 '길道'이다.

하백이 물었다. "그렇다면 제가 무엇을 하고 무엇을 하지 말아야 하는가요? 취하고 버림, 물러나고 나아감에 있어서 제가 결국 어떻게 해야 하나요?"

북해 약이 대답했다. "도의 관점에서 본다면 무엇이 귀하고 무엇이 천하다는 것이 없어요. 그것을 '반연反衍(끊임없이 변한다는 뜻)'이라고 합니다. 그러니 자신의 뜻을 구속하지 마세요. 도와 크게 어긋납니다. 또 무엇이 적고 무엇이 많은 것도 없어요. 그것을 '사이謝施(변화를 따른다는 뜻)'라고 하지요. 그러니 하나로 고정해서 행하지 마세요. 도와 맞지 않습니다. (…) 만물이 생겨나는 것은 말이 달리는 것처럼 빠르고, 움직여서 변하지 않는 것이 없으며, 시간의 흐름에 따라 변하지 않는 것도 없어요. 무엇을 하고 무엇을 하지 말아야 하느냐고요? 모든 것은 저절로 변화하기 마련이랍니다."

(『장자』「추수」)

자기 삶의 의미와 자기 존재의 가치는 세상에서 널리 인정되는 보편적인 혹은 절대적인 가치에 구속되어서는 안 된다. 존재하는 모든 것은 존재 가치에 차등이 없으며 평등하다. 각자가 걸어가는 길은 그 자체로 가치 있는 것이다.

그러니 우리는 모두 각자 자신의 이유로 이 세상을 살아가
야 한다. 그것이 자기의 도道, 자기만의 인생길이다.

forest of classics

두 번째 숲

배움을 멈추지 않는 한
우리는 계속 성장할 것이다

-논어

앎을 실천함으로써
삶을 바꾸는 것

내가 가르치는 대학생들에게 중고등학생 때 왜 열심히 공부했느냐고 질문하면 이구동성으로 좋은 대학에 입학하기 위해서였다고 대답한다. 그럼 지금은 왜 공부를 열심히 하느냐고 물어보면 대부분이 취업하기 위해서라고 대답한다. 대학에서 배운 것을 통해 일하고 싶은 분야의 전문가가 되고 싶다, 좋은 직장을 얻어 안정적인 소득을 얻고 싶다, 사회적으로 성공하고 싶다 등 대학에서 공부를 열심히 하는 목적이 취업이다 보니 공부를 해서 도달하고 싶은 목표도 거기서 크게 벗어나지 않는다.

그 말인즉 학생들은 대학이 자신이 바라는 직업을 갖

는 데 실질적 도움이 되는 전문 지식을 배우는 곳으로 이해하고 있다는 뜻이다. 그들에게 배움이란 지식과 기술 습득을 통해 단기적 욕망을 실현하는 수단에 지나지 않는다. 그렇다면 취업한 뒤에는 어떻게 살 것인가? 그 뒤에 남은 인생이 더 길고 긴데 거기까지 생각할 줄 모른다. 언론의 호들갑도 그들을 더욱 불안하고 두렵게 만든다. 그러니까 먼 미래를 생각할 겨를이 없다고 하는 편이 맞을지도 모르겠다.

물론 이런 사태가 작금의 일은 아니다. 과거를 통해 입신양명해야 했던 시절에도 공부란 세속적 성공을 위한 수단이었다. 중국 송나라 황제 진종의 작품으로 전해지는 「배움을 권하는 시勸學詩」에는 그 세속적 이미지가 분명하게 그려져 있다.

부자 되려고 좋은 밭 살 필요 없다
책 속에 온갖 곡식이 있으니
편안히 살려고 좋은 집 지을 필요 없다
책 속에 황금집이 있으니
외출할 때 수행원 없다 한스러워 마라
책 속에 수레와 말이 무더기로 있으니
아내를 구하며 좋은 중매쟁이 없음을 탓하지 마라

책 속에 옥 같은 미인이 있으니

대장부 평생의 뜻을 이루려면

창 앞에서 경전 읽기에 힘써야 하는 법

배불리 먹고, 좋은 집에서 살며, 호화로운 차를 타고 다니며, 아름다운 여자를 아내로 두고 사는 것. 그것이 대장부가 지향하는 성공적인 삶이었다. 그리고 그것은 경전 읽기, 바로 공부를 통해 얻을 수 있었다.

여기서 그리는 풍요롭고 안락한 삶은 아파트 면적, 월 수입, 멋진 차로 인생의 성공을 가늠하는 지금의 시대와 별반 달라 보이지 않는다. 또한 좋은 대학에 입학해서 좋은 직장에 다니기 위해 공부하는 우리 시대 청춘의 현실과도 맞닿아 있다.

물론 일을 통해 사회 구성원이 사회적 역할을 수행할 수 있도록 돕는 지식 전수와 학습은 사회의 유지와 발전에 반드시 필요하다. 문제는 배움에 대한 인식이 이런 좁은 범주 안에 갇혀 있다는 데 있다.

맹자는 일찍이 배움을 도구화할 때 닥칠 수 있는 비극을 예고했다. 하늘에 열 개의 태양이 한꺼번에 떠올라 온 천하의 생명이 다 타들어갈 때 아홉 개의 태양을 쏘아 떨어뜨려 세상을 구제했다는 활의 명수, 예는 영웅치고는 좀 어이 없는 죽음을 맞이했다. 그는 제자 방몽에게 살해되었다. 방몽은 스승 예에게서 활쏘기의 도를 다 배우고 나자 자기보다 활을 잘 쏘는 사람은 스승밖에 없다는 생각이 들었고, 그는 천하제일이 되고 싶어 스승을 살해했다.

맹자는 예의 죽음에는 자신의 책임도 있다고 했다. 예가 활쏘기라는 기술과 지식만 가르치고 '사람다움'을 가르치지 않았기 때문에 그런 재앙을 당했다는 것이다. 이 일화는 배움이 부와 권력을 얻기 위한 도구가 될 때 그것이 남을 해치는 무기가 될 수 있음을 일깨워준다. 사람다운 사람이 되기 위한 차원의 배움이 얼마나 중요한지와 함께.

현대의 무한 경쟁 사회는 아이들이 학교에 입학하자마자 '이기는' 법을 가르친다. 성적순으로 학생들을 일렬로 줄 세우는 상대평가 시스템은 그룹 안에서 자신의 위치가 어디에 있는지를 집요하게 알려준다. 늘 남과의 비교 속에서 자신의 좌표가 결정되다 보니 함께 공부하는 친구들은 경쟁 상대로 인식된다. 그리고 일등을 하면 부모, 친구, 선생님의 인정을 받고 특별 대우를 받는다.

이런 식으로 최고가 되어 특혜를 얻고자 하는 욕망과 물질적으로 더 나은 삶을 추구하는 욕망이 커지면 자비심,

동료애, 배려처럼 함께 사는 데 필요한 덕성은 뒷전으로 밀려난다. 그런 것들은 현실적으로 쓸모없는 가치가 되어버린다. 모든 것을 성과로 평가하는 이 시대에는 아무도 '사람다움'에 대해 말하지 않는다.

아주 오랜 옛날 전국시대에도 사정은 다르지 않았다. 맹자는 당시의 세태를 이렇게 개탄했다. 『맹자』「고자」에는 다음과 같은 내용이 나온다. "인仁은 사람의 마음이고, 의義는 사람의 길이다. 그 길을 버리고 따르지 않으며 그 마음을 놓치고는 찾을 줄 모르니 슬프구나! 닭이나 개를 잃어버리면 열심히 찾으면서도 정작 마음을 놓치고는 찾을 줄 모른다. 배움의 길은 다름이 아니라 그 놓친 마음을 찾는 것일 따름이다."

놓친 마음을 찾는 것이 배움의 길이라는 맹자의 주장은 공자孔子(B.C.551~B.C.479)로부터 유래했다. 공자가 활동했던 춘추시대가 사士에게 요구한 것도 지금과 마찬가지로 전문적인 일에 종사할 수 있는 직업적 능력이었다. 부국강병을 통해 다른 약소국을 합병함으로써 통일 천하를 호령하는 일인자를 욕망했던 제후들에게 실무에 능한 전문가의 필요성이 절실했기 때문이다. 덕분에 사 계급에게는 자신이 갈고닦은 노하우를 통치자가 받아들이기만 하면 출세가도를 달릴 수 있는 기회의 문이 활짝 열려 있었다.

국가 그리고 개인 간 경쟁이 계속해서 과열되면서 전쟁은 그칠 날이 없었고, 사회는 어지러웠으며 개인의 삶은 피폐했다. 공자는 그러한 시속의 흐름 속에서 어떻게 하면 사람들이 행복하게 살 수 있는지 깊이 고민했다. 관계를 희생하고 얻는 성공이 가져올 공허함을 통찰했고, 지식 축적을 통한 지적 능력의 향상만으로는 개인의 행복한 삶도, 건강한 사회도 이룰 수 없음을 깨달았다. 그래서 공자는 욕망을 이루는 수단으로서의 배움이 아닌, 더 깊은 차원의 배움의 길을 열었다.

공자는 결점이 많은 인간이 배움을 통해 성숙해짐으로써 '성인' 혹은 '군자'라고 부르는 질적으로 다른 존재로 변화할 수 있음을 가르쳤고 자신도 몸소 그렇게 살았다. 중국 역사상 최초로 사설 학교를 열어, 신분의 귀천을 불문하고 배우고자 하는 의지를 가진 모든 이와 더불어 어떻게 온전히 '인간답게' 살 것인지 철저하게 고민하고 가르쳤다. 이 학교의 비전은 제자들이 직무에 능한 전문가로서의 사士가 아닌 사람다운 사람으로서의 사士가 되는 데 있었다.

오나라 재상인 태재 백비가 공자의 제자인 자공에게 물었다. "공 선생님은 성자입니까? 어찌 그리 능한 것이 많은 지요?"

자공이 대답했다. "진실로 하늘이 낸 성인이신 데다가 선생님 자신도 본래부터 다능하시지요."

공자가 듣고 말했다. "태재가 나를 알던가? 내가 젊어서 빈천했기 때문에 미천한 일에 능했던 것이다. 그런데 군자가 다능한 사람인가? 아니다. 다능할 필요가 없다."

(『논어』 「자한」)

공자가 사람다운 사람으로 생각하는 성인군자는 전문적 지식이나 기술을 갖춘 다재다능한 인재의 차원에서 논의되지 않는다. 공자의 다재다능함을 들어 성인으로 간주하는 태재는 사람답게 사는 '참된 인간君子'을 비전으로 삼은 공자와 그 이해의 차원을 달리한다.

공자는 배우는 것을 좋아했다. 다재다능하고 모르는 것이 없는 박학다식함으로 세인을 탄복하게 한 공자가 스스로 가장 자부한 것도 다름 아닌 호학好學이었다. 그래서 "열 가구가 사는 작은 마을이라도 나만큼 참되고 믿음직한 사람이야 반드시 있겠지만, 나만큼 배우기를 좋아하지는 않을 것"이라고 당당하게 말했던 것이다.

그런데 재미있는 사실 한 가지가 있다. 바로 공자가 자기 자신과 제자 안회를 제외하고는 그 누구에 대해서도 호학한다고 인정하지 않았다는 점이다. 노나라 애공이 어느 제자가 배우기를 좋아하는지 묻자, 공자는 "안회가 호학하여 노여움을 다른 사람에게 옮기지 않고 잘못을 거듭 범하지 않았는데 불행하게도 일찍 죽었습니다. 그가 죽은 뒤로는 호학하는 사람이 있다고 들은 적이 없습니다"라고 단언했다.

공자의 제자 중 뛰어난 자들로 칠십자를 손꼽는데 그 가운데 안회 한 사람만이 호학한다고 인정받았다니 참으로 의아하다. 사 계급의 활약이 눈부셨던 춘추전국시대는 제후에게 능력만 인정받으면 천사㐀士 출신이라도 하루아침에 고귀한 신분이 될 수 있었다. 그러므로 수많은 사인이 배움을 통해 자신의 능력을 키워 출세하려는 열망을 불태웠다. 그 가운데 배우기를 좋아한 사람이 그토록 드물었을까? 아니다. 공자가 호학에서만은 그 누구도 쉽게 인정해주지 않았던 것이다. 대체 이유가 뭘까?

군자란 배불리 먹고 편안히 살기를 추구하지 않는다. 일을 민첩하게 하고 말을 신중히 하며 도가 있는 데 나아가 자기를 바로잡는다면 배우기를 좋아한다고 할 만하다.

(『논어』 「학이」)

선비가 편안하게 사는 것을 마음속에 품으면 선비라고 하기에 부족하다.

(『논어』 「헌문」)

도에 뜻을 두고도 거친 옷과 거친 음식을 부끄러워하는 자와는 더불어 이야기할 만하지 못하다.

군자는 덕을 생각하고 소인은 땅을 생각한다.

(『논어』 「이인」)

자기 배를 채우는 것, 살림살이가 편안한 것, 흔히 말하는 잘 먹고 잘 사는 것은 군자가 추구하는 바가 아니라고 못 박았다. 도가 있는 데로 나아가 자신을 바로잡는다면 그제야 호학한다고 할 수 있다고 했다. 이 말은 공자가 말하는 배움이 진종의 「배움을 권하는 시」에서 말하는 배움과는 전혀 다른 차원에 있음을 시사한다.

공자가 말한 배움이란, 권력과 부라는 욕망을 실현하

기 위한 수단으로서의 공부가 아니라, 참된 사람을 지향하며 끊임없이 자신을 교정해나가는 공부를 가리킨다. 머리로 하는 지식적인 앎에서 그치는 것이 아닌, 앎을 통해 자신의 삶을 바꾸는 실천의 과정을 쉼 없이 미루어 행해야만 비로소 호학한다고 일컬을 만한 사람이 되는 것이다. 안회의 호학을 인정하면서 노여움을 옮기지 않고 같은 잘못을 두 번 범하지 않는 점을 든 것도 이런 맥락이다.

그러므로 공자가 말하는 배움이 의미하는 스펙트럼은 우리가 생각하는 것보다 훨씬 넓다. 『중용』에서는 그것을 다섯 단계로 나누어 설명했다. "널리 배우고博學, 깊이 묻고審問, 신중하게 생각하고愼思, 분명하게 판단하고明辨, 몸에 배도록 실천한다篤行." 송나라 성리학의 기틀을 다진 정자는 이 다섯 가지 가운데 하나라도 갖추어지지 않으면 학문이 아니라고까지 단언했다. 배운다는 의미의 '학學'에서 실천한다는 뜻을 가진 '행行'에 이르는 이 다섯 단계를 포괄하는 것이 바로 공자가 말하는 배움의 스펙트럼이다.

배운 것을 익혀 내 것으로 만들면서 끊임없이 자신을 교정해 가는 것이 배움이었기에, 공자의 제자 자로는 "전에 들었던 것을 아직 능히 실행하지 못하면 더 듣게 될까 봐 걱정했다"라고 말했다. 실천이 되지 않는 앎은 아직 자기

세 사람이 길을 가다 보면 반드시 그 안에 내 스승이 있다.
좋은 것은 가려내어 따르고,
좋지 못한 것은 내게도 그런 면이 있나 살펴서 고칠 일이다.

것이 아니므로 전에 들은 것이 자기 몸에 익지 않은 채 또 새로운 것을 듣는 것은 부담으로 작용했기 때문이다.

이와 같이 공부란 앎을 실천함으로써 삶을 바꾸는 것이었다. 그래서 정자는 "논어를 읽기 전에도 이런 사람이고 읽고 난 후에도 이런 사람이면 그는 논어를 읽지 않은 것과 같다"라고 했다.

배움을 통해
끊임없이 자신을 교정해나가는 일

그렇다면, 공자 학교의 풍경은 어땠을까? 어떤 학생들이 입학했을까? 어려운 시험을 통과한 수재들만 입학했을까? 중국 역사상 최초의 사설 학교인 공자 학교는 입학 조건이 까다롭지 않았다. 배우려는 의지를 갖고 예를 갖추어 찾아오는 사람이면 신분을 불문하고 받아들였다.

속수束脩의 예를 행한 사람 이상이면 내가 가르치지 않은 적이 없다.

(『논어』「술이」)

속수란 육포 한 묶음을 말한다. 당시 육포 한 묶음은 다른 사람을 만나러 갈 때 갖고 가는 최소한의 예물이었다. 그러니 방문할 때 지켜야 할 예절을 갖출 줄 아는 수준만 되면 누구든지 가르쳤다는 뜻이다. 또 속수의 예를 갖추어 다른 사람을 방문할 줄 알 만한 나이를 열다섯 살로 보아, 열다섯 이상이면 누구든지 가르쳤다고도 해석된다. 어쨌거나 학습에 필요한 가장 기본적인 능력만 갖추었다면 나머지는 불문하고 다 받아들였다는 의미다.

공자는 심지어 사람들이 더불어 함께하기를 꺼리는 곳의 이들도 배우겠다고 찾아오면 마다하지 않았다.

호향 사람들과는 말을 섞기가 어려웠다. 그 동네 아이가 찾아와 선생님을 만나 뵈었다. 제자들이 의아해하자 말씀하셨다. "그가 발전하려고 하는 것을 도와주어야지, 퇴보하도록 내버려둬서는 안 된다. 그러니 어찌 심하게 대하겠느냐? 사람이 자기를 깨끗이 하여 진보하면 그 깨끗함을 인정하고 그의 기왕지사旣往之事를 기억하지 않는 법이다."

(『논어』「술이」)

자신을 바로잡기 위해 찾아오는 사람에게 박하게 굴

지 않아야 한다는 공자의 유교무류有敎無類, 즉 가르치는 데 사람의 부류를 따지지 않는 것은 당시로서는 매우 혁신적인 발상이었다. 신분제 사회에서 교육이란 특권 계층만 향유할 수 있는 권리였다. 그러나 공자는 누구에게나 배울 권리가 있음을 천명했다. 끊임없는 자기 교정을 통해 사람다운 사람이 되는 배움을 지향했으므로 신분·지역·배경을 따지지 않고 모든 이에게 배울 수 있는 기회를 주었다.

이 때문에 공자 학교에는 온갖 사람들이 다 모여들었다. 『여씨춘추』에서는 "자장은 노나라의 비천한 집안 출신이고, 안탁취는 양보 지역의 대도大盜였지만 공자에게 배웠다"라고 했다. 이처럼 공자 학교는 신분이 천하든, 도적질을 했든 간에 현재보다 나아지기를 원하는 사람이라면 과거를 묻지 않고 받아들였다.

그렇다면 이렇게 지적·경제적·문화적 배경이 다양한 학생들을 어떻게 가르쳤을까? 『논어』에서 같은 질문에도 제자들마다 각기 다른 대답을 해주는 공자를 곳곳에서 만날 수 있다. 그 예로「위정」편의 효에 대한 문답을 들어보자.

공자는 노나라 대부 맹의자에게 효란 "살아서는 예로써 섬기고, 돌아가시면 예로써 장례를 지내고 예로써 제사 지내는 것"이라 했고, 그의 아들 맹무백에게는 "부모란 오직 자식이 병들지 않을까 그것만을 걱정한다"라고 대답했다. 또 자유에게는 "요즘엔 부모를 먹여 살리는 것을 효라고 하는데 개나 말도 먹여 살리는 법이다. 부모를 공경하지 않는다면 무슨 차이가 있겠느냐"라 했고, 자하에게는 "부모를 대할 때 부드러운 안색을 짓기가 어렵다. 일이 있으면 자식이 하고, 먹을 것이 있으면 부모가 먹는 것이 어찌 효라고 하겠는가"라고 일러주었다.

스승의 대답은 각각의 제자가 현재 실행하고 있는 수준에서 한 발 더 앞으로 나아가야 할 실천 방향을 일일이 일러준 것이다. 일대일 개인 지도인 셈이다. 그렇다면 공자는 학생이 어떤 상태에 이르렀을 때 한 계단 더 올라갈 수 있는 방법을 일러주었을까?

가슴에 궁금한 것이 가득 차서 답답해하지 않으면 그를 깨우쳐줄 수 없고, 표현하지 못해서 애태우지 않으면 그를 일깨워줄 수 없다. 한 방면을 가르쳐주었는데 나머지 세 방면을 스스로 알아채지 못하면 반복해도 소용이 없다.

(『논어』「술이」)

자신의 무지가 답답하여 알고자 하는 간절함이 있을

때, 알 듯 말 듯하여 그것을 제대로 표현해내지 못하는 안타까움으로 몸이 달았을 때 비로소 그의 생각을 툭 틔워준다. 바로 그럴 때 학생은 '아하' 하는 체험을 하는 것이다. 그렇게 한 모퉁이를 일러주면 연관된 나머지 세 모퉁이는 스스로 알아차려야 한다. 그것이 바로 신사愼思와 명변明辨의 과정이다. 그러고 나면 학생은 그것을 자기 몸에 익숙해질 때까지 실천한다. 쉼 없는 실천을 통해 배운 것이 내 몸에 배어들면 마침내 앎을 통한 삶의 변화가 완성된다.

모든 학교에 교육 목표가 있듯이 공자 학교 역시 추구하는 비전이 있었다. 배움을 통해 끊임없이 자신을 교정해 나가도록 가르쳤던 공자 학교의 비전은 바로 『논어』의 제일 첫머리에 나온다. 누구나 한 번쯤은 들어봤을 그 유명한 구절이 바로 공자 학교의 교육 목표이자 공자가 제시한 인생 비전이었다.

배우고 때맞추어 실천하니 기쁘지 않은가? 친구가 멀리서 찾아오니 즐겁지 않은가? 다른 사람이 알아주지 않아도 성나지 않으니 또한 군자답지 않은가?

(『논어』 「학이」)

이 구절의 가장 아름다운 한글 번역이라 생각하는 이을호 선생님의 『한글 논어』 버전을 보면 일반적으로 널리 번역된 위의 글보다 훨씬 깊은 이해에 이를 수 있다.

배우는 족족 내 것을 만들면 기쁘지 않을까! 벗들이 먼 데서 찾아와주면 반갑지 않을까! 남들이 몰라주더라도 부루퉁하지 않는다면 참된 인간이 아닐까!

'배우는 족족 내 것을 만든다'는 말에는 '배움'에서 '실천'에 이르는 과정이 오롯이 담겨 있다. 또한 군자는 '사람다움'의 상태에 있는 사람이니 그를 '참된 인간'이라 번역한 것도 탁월한 안목이다.

이 구절을 통해 공자가 제시한 비전은 "앎이 삶이 되면 기쁘다. 참된 인간이 되는 길을 가다 보면 뜻이 맞는 벗이 생기는 즐거움이 있다. 참된 인간은 남의 인정을 받는 데 관심을 두지 않는다"는 것이다. 그것이 의미하는 바를 하나씩 찬찬히 생각해보자.

첫째, 배움을 통해 끊임없이 자신을 교정해나가며 성장하는 데에는 기쁨이 동반된다. 공자는 그 즐거움을 이렇게 말했다.

섭공이 자로에게 공자에 대해 물었는데, 자로가 대답하지 못했다. 공자가 말했다. "너는 왜 이렇게 말하지 않았느냐? 그 사람됨이 한 번 마음을 일으키면 먹는 걸 잊고, 그 즐거움으로 걱정도 잊으며, 늙음이 찾아오는 것도 알지 못한다고."

(『논어』「술이」)

공자가 초나라 북쪽 변경 지역의 부함에 갔을 때 그곳을 다스리던 섭공이 자로에게 공자의 인물됨에 대해 물었다. 그런데 자로는 어쩐 일인지 우물쭈물 대답을 하지 못하고 돌아왔다. 그 말을 들은 공자가 자로에게 나는 이런 사람이라고 일러준 대목이다.

공자는 무언가를 배우는 데 열중하면 밥 먹는 것도 잊어버리는 사람이었다. 그의 몰입은 "제나라에 갔을 때 순임금의 음악이라 전해지는 '소韶'를 처음 듣고는 그 음악에 빠져 세 달 동안 고기 맛을 모를" 정도였다.

그는 이렇게 배움에 온 존재를 다 던져 몰입하는 경지에 이르렀고, 그것이 주는 즐거움으로 인해 근심과 걱정이 없을 뿐만 아니라 자신이 결국 늙어죽는다는 두려움으로부터도 자유로운 경지에까지 이르렀다. 인간이 시간의 지배로부터 벗어나는 방법을 공자는 분명히 알고 있었다.

둘째, 배움을 통해 자신을 갈고닦으며 참된 인간이 되는 길을 가다 보면 예상치 못한 동지를 만나게 되는 즐거움이 있다. 우리가 타인과 만나서 기대치 못한 아주 작은 공통점이라도 발견하게 되면 얼마나 기쁜가? 하다못해 같은 연예인을 좋아한다는 사실을 알았을 때조차 손뼉을 치며 즐거워하지 않는가? 그러니 예기치 못한 곳에서 뜻한 바가 서로 맞는 동지가 찾아와 마음이 하나 되는 기쁨을 어디에 비길 수 있겠는가?

먼 데서 벗이 찾아온다는 것은 결국 존재와 존재 사이에 공명이 일어나는 것이며, "덕 있는 자는 외롭지 않다. 반드시 함께하는 사람이 있다"라는 말과도 서로 통한다. 참된 사람이 되어가는 과정에 길러진 덕의 향기는 이렇게 자기도 모르게 먼 데까지 가는 법이다.

셋째, 남이 자신의 경지를 알아주지 않더라도 못마땅하거나 성나는 마음이 일어나지 않는다면 진실로 군자다운 사람이다. 자기의 참모습은 다른 사람이 알아주는 데서 드러나지 않는다. 그보다는 자신이 스스로를 어떻게 인식하고 있는가에 달려 있다. 그러므로 참된 인간은 사람들의 인정을 자신의 존엄이나 가치를 결정하는 지표로 삼지 않는다.

참된 인간은
남의 인정에 관심 두지 않는다

그렇다면 '군자다움'과 '인정받기'의 상관관계에 대해 어떻게 이해해야 할까? 『사기』 「공자세가」의 기록은 이에 대해 많은 것을 시사해준다. 사마천은 공자의 일대기를 기록하면서 이 문제에 대해 특별히 많은 지면을 할애했다. 공자와 그 일행이 진나라와 채나라 사이에서 곤경에 처했을 때 이야기다.

초나라에서 공자를 초빙한다는 소식을 들은 진나라와 채나라 대부들은 그가 강대국인 초나라에 임용되면 분명 자신들이 위험해질 것이라 생각했다. 공자가 두 나라 가운데 오랫동안 머무르며 그들의 잘잘못을 낱낱이 알고 있었기 때문이다. 두려워진 그들은 사람을 풀어 공자 일행을 포위하고 놓아주지 않았다.

공자 일행이 초나라로 가기도 전에 양식이 모두 떨어지고 말았다. 많은 사람이 굶고 병들어 일어서지조차 못하게 되었다. 그러나 공자는 조금도 흐트러짐 없이 강의도 하고 책도 읽고 거문고도 타며 지냈다.

공자는 화가 난 제자들을 보고 자로를 불러 물었다. "시詩에 이르기를, '코뿔소도 아니고 호랑이도 아닌 것이 광야에서 헤매고 있다'고 했는데 나의 도에 무슨 잘못이 있느냐? 우리가 왜 이 지경에 이르렀느냐?"

자로가 대답했다. "아마도 우리가 인仁하지 못하기 때문이 아니겠습니까? 그래서 사람들이 우리를 믿지 않겠지요. 아마도 우리가 지혜롭지 못하기 때문이 아니겠습니까? 그래서 사람들이 우리를 가지 못하게 하는 것이겠지요."

공자가 말했다. "그럴까? 만약 인한 사람이 반드시 남의 신임을 얻는다면 어째서 백이와 숙제가 수양산에서 굶어 죽었겠느냐? 만약 지혜로운 사람이 반드시 세상에 받아들여진다면 어째서 주왕이 비간의 심장을 도려내어 죽였겠느냐?"

자로는 군자다우면 마땅히 세상 사람들의 인정을 받고 세속적인 성공도 얻을 수 있다고 믿었다. 그래서 이런 곤경에 처한 이유를 자기들의 인과 지혜가 사람들의 인정을 받기에는 부족한 수준이기 때문이라고 생각했다.

그러나 공자는 모든 사람들에게 인하다고 인정받은 백이숙제와 지혜롭다고 인정받았던 비간이 세상에 받아들여지지 않았던 예를 든다. 인하고 지혜롭다고 해서 반드시 세상에 받아들여지는 것은 아니라는 점을 일깨워준 것이다. 또한 세상이 인정한다고 해서 인하고 지혜로운 것이 아니며, 세상에 받아들여지지 않는다고 해서 자신의 도가 잘못되었다는 증거가 되지 않는다는 점을 가르쳤다.

자로가 나가고 자공이 들어와 공자를 뵈었다. 자공에게 똑같이 물었다. "시에 이르기를, '코뿔소도 아니고 호랑이도 아닌 것이 광야에서 헤매고 있다'고 했는데 나의 도에 무슨 잘못이 있느냐? 우리가 왜 이 지경에 이르렀느냐?"

자공이 대답했다. "선생님의 도가 지극히 크기 때문에 천하의 어느 나라에서도 선생님을 받아들이지 못합니다. 선생님께서는 어째서 자신의 도를 낮추지 않으십니까?"

공자가 말했다. "씨 뿌리기에 능한 훌륭한 농부라도 언제나 수확을 잘할 수는 없고, 기술이 빼어난 솜씨 좋은 장인이라도 반드시 남의 마음에 들 수는 없다. 군자가 도를 잘 닦아서 기강을 세우고 다스릴 수 있어도 반드시 세상에 받아들여지지는 않는다. 지금 너는 너의 도를 닦지도 않고 다른 사람에게 받아들여지기를 구하니 너의 뜻이 원대하지 못하구나."

자공은 스승의 도에 잘못됨이 없음을 인정하고 있다. 그러나 그 도가 너무나 크고 높아서 세상에 받아들여지기 어려우니 사람들이 받아들일 수 있는 눈높이로 낮추는 것이 좋겠다고 답한다. 탁월한 안목으로 거대한 부를 축적했을 뿐만 아니라 비상한 두뇌와 달변으로 뛰어난 협상 능력을 갖추었던 자공이 내놓을 법한 현실적인 방안이다.

　　공자는 그런 제자에게 세상의 인정을 받는 것은 이편에서 할 수 있는 일이 아니라 저편에 달려 있음을 일깨워준다. 귀신도 울고 갈 훌륭한 솜씨로 만든 뛰어난 명품이라 할지라도 그것이 팔리는지 여부는 구매자의 마음에 달려 있다. 아무리 솜씨 좋은 농부라도 수확이라는 결과에 영향을 미칠 수 있는 범위는 한정되어 있다. 태풍, 메뚜기 떼, 냉해 등 인간의 힘으로 제어할 수 없는 것들이 항상 영향을 미치곤 한다.

　　이처럼 세상의 인정을 받는 것에도 수없이 많은 우연성이 개입되기 마련이다. 세인의 인정이란 세인의 마음에 달려 있기 때문이다. 또한 자신의 도를 낮추어 세상과 타협하려다 보면 결국 자신의 도를 포기하는 데에 이르기 십상이다. 그래서 공자는 자공에게 "너의 뜻이 원대하지 못하다"라고 나무랐다.

자공이 나가고 안회가 들어와 뵙자 똑같이 물었다. "시에 이르기를, '코뿔소도 아니고 호랑이도 아닌 것이 광야에서 헤매고 있다'고 했는데 나의 도에 무슨 잘못이 있느냐? 우리가 왜 이 지경에 이르렀느냐?"

안회가 대답했다. "선생님의 도가 지극히 크기 때문에 천하의 그 어느 국가에서도 선생님을 받아들이지 못합니다. 비록 그렇기는 하지만 선생님께서는 그것을 미루어 행하고 계시니 받아들여지지 않은들 무엇이 걱정입니까? 받아들여지지 않은 뒤에야 군자다움이 드러납니다. 도를 닦지 않는 것은 나의 수치이지만 도를 이미 잘 닦았는데도 쓰지 않는 것은 나라를 가진 자의 수치입니다. 그러니 받아들여지지 않은들 무엇이 걱정입니까? 받아들여지지 않은 뒤에야 군자다움이 드러납니다."

공자가 기뻐서 웃으며 말했다. "그렇지! 안씨 댁 아들아, 네가 만약 부자가 되면 내 너의 가신이 되겠다."

안회 역시 자공과 같이 스승의 도에 잘못이 없음을 인정하고 있다. 그러나 안회는 스승의 도가 세상에 받아들여지지 않음을 걱정하지 않으며, 현실과 타협할 필요도 느끼지 않는다. **다른 사람의 인정에 의해 자신이 걸어가는 길의 가**

치와 의미가 결정되지 않음을 알기 때문이다.

이편에서 도를 잘 닦았는데도 저편에서 알아주지 않는 것은 저편의 수치이다. 그러므로 인정받지 못하는 것은 이편의 수치가 아니며, 인정받지 못하는 데도 자신의 도를 꾸준히 미루어 행할 때 역설적이게도 이편의 군자다움이 더욱 선명하게 드러난다.

따라서 군자다운 사람은 세상에 받아들여지지 못하는 것을 걱정하지 않고, 오히려 자신의 도를 성실하게 수행하지 못할까 걱정하는 법이다. 이 때문에 공자는 "군자는 잘할 수 없음을 염려하지, 다른 사람들이 자기를 알아주지 않음을 염려하지 않는다"라고 했던 것이다.

『논어』에는 이 사건과 관련한 기록이 매우 간략하게 남아 있다.

양식이 떨어져 사람들이 병들어 일어나지도 못하자 자로가 화가 나서 스승에게 따졌다. "군자도 이렇게 곤궁할 때가 있습니까?"

공자가 말했다. "군자는 곤궁할 때도 여전히 의연하지만 소인은 곤궁하면 곧 함부로 한다."

(『논어』「위령공」)

군자고궁君子固窮, 군자는 곤경에 처해도 거기에서 벗어나기 위해 사람다움의 길을 저버리지 않고, 짐짓 곤궁함을 견디며 의연하게 자신의 길을 걸어간다는 말이다. 그러나 소인은 곤경에 처하면 벗어나기 위해 하지 못하는 일이 없다. 세상에 받아들여지지 않을 때 비로소 군자다움이 드러나는 이유가 여기에 있다. 공자가 "날이 추워져야 소나무와 잣나무가 나중에 시드는 것을 알게 된다"라고 탄식했던 것도 이와 같은 맥락에 있다.

장자는 군자가 의연하게 곤궁함을 고수하는 것을 일러 '성인의 용기'라고 했다.

공자가 광 지역에 있을 때 송나라 군사들에게 겹겹으로 포위당했다. 그런데도 공자는 거문고를 타며 노래 부르기를 그치지 않았다. 자로가 들어가 뵙고 말했다. "선생님은 어째서 즐기기만 하고 계십니까?" 공자가 말했다. "이리 오너라, 내 너에게 말해주마. 내가 곤궁함을 꺼려온 지 오래다. 그런데도 곤궁함을 면치 못한 것은 내 운명이다. 모든 일이 뜻대로 되기를 바라 온 지도 오래다. 그런데도 그렇게 되지 못한 것은 때를 만나지 못한 때문이다.
요순시대에는 천하에 곤궁한 사람이 없었다고 하지만 그

것은 사람들이 모두 지혜가 있었기 때문이 아니다. 걸주시대에는 천하에 뜻대로 된 사람이 하나도 없었다고 하지만 그것은 사람들이 모두 지혜가 없었기 때문이 아니다. 모두 그때의 시세時勢에 따라 그렇게 되었을 뿐이다.

물길을 가면서 교룡을 두려워하지 않는 것은 어부의 용기요, 땅 위를 가면서 외뿔소나 호랑이를 두려워하지 않는 것은 사냥꾼의 용기이며, 시퍼런 칼날이 눈앞에서 교차해도 죽음을 삶처럼 바라보는 것은 열사의 용기이다. 곤궁한 것에도 천명이 있는 줄 알고, 뜻대로 되는 것도 때가 있는 줄을 알아서 큰 어려움을 당해도 두려워하지 않는 것은 성인의 용기다. 자로야, 자리로 돌아가 침착하게 그대로 있어라. 나에게도 정해진 운명이 있다."

얼마 지나지 않아 군대 지휘관이 와서 인사를 하며 말했다. "양호陽虎로 오인하여 포위했으나 이제 아니라는 것을 알았습니다. 죄송합니다. 이만 물러가겠습니다."

(『장자』「추수」)

공자가 활동했던 시대에 세상은 그를 제대로 알아보지 못했다. 그러나 공자는 "남이 자기를 알아주지 않는 것을 염려하지 말고 자기가 남을 알아주지 못함을 걱정하라"

라고 누누이 강조했다.

"나는 하늘을 원망하지도 않고 사람을 탓하지도 않는다. 다만 아래에서 인간사를 배워 위로 천명에 이르고자 했을 뿐이다. 그러니 나를 알아주는 이는 하늘뿐이 아니겠느냐"라며 세상에 받아들여지지 않는 자신의 운명(하늘)을 원망하지 않고, 자기를 제대로 알아보지 못하는 사람들을 탓하지도 않았다. 타인의 인정 여부와 상관없이 그저 묵묵히 자기가 하고자 하는 일을 하며 자기의 도를 미루어 행했을 뿐이다.

그런 공자에게 다른 삶의 방식을 제시한 사람이 있었다. 농사를 지으며 사는 은자 걸닉은 공자를 수행하던 자로에게 권했다. "온 천하가 물처럼 거세게 흘러가는데 누가 감히 고칠 수 있단 말이오? 그러니 자네도 마음에 안 드는 위정자를 피해 다니는 공자 같은 사람을 따라다니지 말고 차라리 어지러운 세상을 피해 사는 우리와 같이 지내는 게 어떠한가?"

약육강식이라는 힘의 논리가 지배하는 시대에 덕과 예로 다스리자는 공자의 주장은 실현 가능성이라고는 조금도 없어 보였다. 거센 강물처럼 도도한 시대의 흐름에 비해 그의 노력은 너무나 미미하고 허망해 보였다. 걸닉은 개인의 힘으로는 어쩔 수 없는 일이니 차라리 그런 세상을 피해서 은둔하는 것이 어떠냐고 권했다. 자로에게 그 말을 전해 들은 공자는 잠시 망연자실했다.

> 날짐승이나 들짐승과 함께 무리를 이루고 살 수는 없지. 내가 이 사람들과 함께하지 않는다면 누구와 함께하겠는가? 천하에 도가 있다면 내가 구태여 세상을 바꾸려고 하지 않았을 것이다.
>
> (『논어』 「미자」)

공자는 지금 당장 가시적인 결과가 나타나 세상이 바뀌지는 않지만 사람들과 함께하겠다는 뜻을 바꾸지 않았고, 아무리 미미한 힘에 지나지 않을지라도 계속 노력하겠다는 의지를 드러냈다. 남이 알아주고 말고를 떠나 쉼 없이 자기 길을 걸어가는 것. 군자에게는 그것이 정말로 중요하기 때문이다. 이 때문에 당시 사람들은 공자를 두고 "안 될 줄 알면서도 애쓰는 사람"이라고 했다.

아무런 세속적 보상도, 사후의 안락에 대한 보장도 없음을 알면서 단지 그것이 '사람답기' 때문에 자기 길을 걸어가는 사람이 바로 공자였다. "지복至福은 덕에 대한 보상이 아니라 덕 그 자체"라고 했던 스피노자의 말처럼 공자가 받은 지복은 바로 그가 고통 속에서 일구어낸 덕의 경지 그 자체였다.

영화 〈공자 춘추전국시대〉는 그러한 공자를 알아주는 동시대 사람으로 위나라 영공의 부인이며 당시 위나라의 실권자였던 남자南子를 설정했다. 남자는 평판이 아주 나쁜 여자였기 때문에 자로는 공자가 그녀를 직접 만나는 것조차 몹시 싫어했다. 그러나 기록에 따르면 그녀는 공자를 예로써 대해주었다고 한다. 영화에서 남자는 춘추시대의 패러다임으로 공자를 공격해 설복하려 든다. 하지만 자기의 도가 세상에서 받아들여지지 않아도, 세상의 평판에 흔들리지 않고 자신의 길을 꿋꿋이 걸어가는 공자의 태도에 마음속 깊이 감명을 받는다. "세상 사람 누구나 당신이 겪는 고통에 대해서는 쉽게 알 수 있겠지요. 그러나 당신이 고통 속에서 일구어낸 경지에 대해서는 잘 알지 못할 것입니다." 이 말을 마치고 왕비인 그녀는 바닥에 엎드려 절함으로써 공자에게 최고의 존경을 표시한다.

고통 속에서 일구어낸 경지, 그것이 바로 공자가 받은 지복이었다.

바꿀 수 없는 것에 매이지 말고,
바꿀 수 있는 것에 살아라

그러면 열다섯에 이미 이와 같은 배움에 뜻을 두었다고 했던 공자는 누구에게 배웠을까? 어떻게 공부했을까? 일찍이 위나라 대부 공손조가 물었다.

공손조가 물었다. "중니(공자)는 누구에게 배웠소?"
자공이 말했다. "문왕과 무왕의 도가 땅에 떨어지지 않고 사람에게 있었습니다. 똑똑한 자는 큰 것을 알고, 똑똑하지 못한 자는 작은 것을 알고 있었지요. 문왕과 무왕의 도는 있지 않은 곳이 없으니 스승께서 어디에선들 배우지 않으셨겠습니까? 어찌 정해진 스승이 있겠습니까?"

(『논어』「자장」)

문왕과 무왕의 도는 곧 주례周禮로 대표되는 주나라의 문화를 가리킨다. 공자는 주나라의 문화를 계승할 것을 천명했고, 그것을 제자들에게 가르쳤기 때문에 자공이 문왕과 무왕의 도를 예로 들어서 말한 것이다.

공자가 활동했던 춘추시대 말기는 어떠했을까. 비록

주나라 천자의 권위는 바닥에 떨어졌지만 아직까지는 문무의 도가 땅을 쓴 듯 흔적도 없이 사라지지는 않았던 시절이었다. 그러니 눈을 크게 뜨고 찾아보면 문무의 도는 어디에고 있지 않은 데가 없었다. 공자는 정해진 스승을 두고 사사하지 않고 도가 있는 곳이면 그곳이 어디든지, 그 사람이 누구든지 불문하고 나아가 배웠다.

"나는 태어나면서부터 아는 사람이 아니다. 옛것을 좋아해 부지런히 이 사람 저 사람을 쫓아다니며 배웠을 뿐이다我非生而知之者, 好古敏以求之者也." 이는 『논어』 「술이」에 나오는 말로, 공자 스스로 자신이 어떻게 배웠는지를 술회한 부분이다. 여기서 우리는 배움에 대한 공자의 열정을 다시 한번 엿볼 수 있다.

이 말 속의 '좋아할 호好'와 '민첩할 민敏' 자를 주의 깊게 들여다보자. 자신이 좋아서 무언가를 하는 사람을 떠올려보라. 저 좋은 것을 하는 데 굼뜨고 느린 것을 보았는가? 누구든지 좋아하는 것을 할 때는 부지런하고 행동이 재빠른 법이다. 공자는 옛것을 좋아하여 누구든지 취할 만한 것을 지니고 있으면 발 빠르게 그리로 나아가 배웠다.

공자는 노자에게 예를 묻고, 장홍에게 음악을 묻고, 담자에게 관직을 묻고, 사양에게 거문고를 배웠다고 전해진다. 그 사람에게 좋은 말과 좋은 행실이 있어서 배울 만하면 모두 자신의 스승으로 삼았다. 그래서 "세 사람이 길을 가다 보면 반드시 그 안에 내 스승이 있다. 좋은 것은 가려내어 따르고, 좋지 못한 것은 내게도 그런 면이 있나 살펴서 고칠 일이다"라고 했다.

배움이란 결국 도가 있는 곳에 나아가 자신을 바로잡는 것이다. 도가 있는 곳이란 멀지 않다. 우리가 매일 만나는 사람들과 우리를 둘러싼 이 세계 어디에나 우리가 배워야 할 것들이 편재해 있다. 그렇게 타자와 세계와의 우발적인 마주침을 통해 경험한 것들이 지금의 우리 자신을 형성한다.

자기 인생을 돌이켜보고 지금의 나를 이루고 있는 것들이 어디서부터 왔는지, 어디에서 배운 것인지 하나씩 적어보자. 서정주 시인이 시 「자화상」에서 "스물세 해 동안 나를 키운 건 팔 할이 바람이었다"고 읊었던 것처럼, 각자 지금의 자신을 이루고 있는 성분들이 어떤 마주침을 통해 만들어졌는지 목록을 만들어보자.

이 작업은 과거로부터 지금에 이르는 자기 모습을 파악하는 데 도움이 된다. 반드시 글로 적어야 한다. 그래야 흰 종이 위에 검은 글씨로 옮겨진 자기의 모습을 객관적으로 바라볼 수 있다. 그것은 익숙한 자기의 모습을 다른 관점에서 바라보도록 한다.

다른 관점에서 바라보는 것은 늘 새로운 통찰을 가져온다. 스스로 생각하고 있던 자기 이미지와 다른, 자기도 몰랐던 모습을 발견할 수도 있다. 자기 모습에 대한 긍정적이거나 부정적인 생각을 좀 더 객관적인 입장에서 바라보다 보면 본인에 대한 새로운 통찰을 얻을 수 있다.

무엇보다 가장 중요한 것은 자기와 마주치는 모든 것이 배움의 대상이었음을 알게 되는 데 있다. 그렇게 지금의 나를 이루게 한 경험의 목록을 적다 보면 흔히 생각하는 공부의 차원이 아니라, 앎이 삶이 되는 진정한 배움을 알게 된다. 우리는 모두 그런 배움을 통해 각자 지금의 모습이 되었다. 공부란 바로 자기 존재와 존재를 둘러싼 세계를 탐구함으로써 남들과 더불어 사는 삶의 기술을 익히는 것이다.

이처럼 즐거이 배워 도달하게 되는 군자의 삶은 구체적으로 어떤 모습일까? 자기 수양을 통해 군자가 된다는 것은 자기만족적인 데에서 그치는 것이 아니다. 군자란 하늘이 준 본래의 덕성을 잘 닦아서 남들과 더불어 조화롭게 살 줄 아는 사람이기 때문이다.

자로가 군자에 대해 물었다. 공자가 대답했다. "자기를 닦아서 경건해지는 것이다."

"그뿐입니까?"

"자기를 닦아서 다른 사람을 편안하게 한다."

"그뿐입니까?"

"자기를 닦아서 백성을 편안하게 한다. 자기를 닦아서 백성을 편안하게 하는 일은 요순도 어렵게 여겼다."

(『논어』「헌문」)

자로가 계속해서 "그뿐입니까?"라고 다그쳐 묻자 공자는 '수기이경修己以敬' '수기안인修己安人' '수기안백성修己安百姓'이라는 단계를 하나씩 일러준다. 『대학』의 수신修身, 제가齊家, 치국治國과 같은 맥락이다.

군자는 먼저 자기 몸을 잘 닦는 사람이다. 배움과 훈련을 통해 자기 수양을 함으로써 본래의 덕성을 회복해 내면에 있는 신성(사람다움, 거룩함)을 알게 된 사람이다. 그리고 자기의 신성을 본 사람은 세상 모든 존재에 그와 같은 신성이 있음을 깨닫게 된다. 불교에서는 이를 두고 존재하는 모든 것에는 불성佛性이 있다고 했다.

'경敬'이란 우러르고 받드는 마음 상태를 말한다. 그러므로 '수기이경'은 자신을 잘 닦아 자기의 신성을 알고, 그것을 통해 세상 모든 존재의 신성을 알아서 그들을 공경하는 마음으로 마주한다는 말이다.

'수기안인'은 자신을 잘 닦아 다른 사람들과 더불어 조화롭게 살아가며 사람들을 편안하게 해주는 것이다. '수기안인'은 구체적으로 무엇을 가리킬까? 안회와 자로가 공자와 함께 각자 지향하는 바에 대해 이야기하는 대목에서 그 일단을 엿볼 수 있다.

> 안회와 자로가 공자를 모시고 있을 때 공자가 말했다. "너희들 각자 마음이 지향하는 바를 말해보아라."
> 자로가 말했다. "수레와 말, 비싼 가죽옷을 친구와 함께 사용하다가 그것이 닳고 해져도 서운하지 않기를 바랍니다."
> 안회가 말했다. "제가 잘한 것을 자랑하지 않고, 남에게 수고를 끼치지 않기를 바랍니다."
> 자로가 말했다. "선생님의 뜻을 듣고 싶습니다."
> 공자가 말했다. "노인들은 편안하게 해주고, 친구들에게는 미덥게 하고, 젊은이들은 품어주련다."
>
> (『논어』 「공야장」)

여기에 표현된 공자의 지향점이 바로 '수기안인'의 실

천 덕목이라 할 수 있다. 수기안인의 구체적 내용은 결국 '믿음'과 '사랑'으로 사람들을 품어주는 것이다. '네 이웃을 사랑하라'는 계명과 일맥상통하며 '자비'와도 통한다.

자기 수양을 통해 자기와 타자의 신성을 알아보고 공경하며 사랑으로 보듬어주는 사람이 바로 군자이다. 그런 군자야말로 공자가 배움을 통해 도달하고자 했던 '참된 인간'의 모습이다. 공자는 누구나 노력하면 그러한 경지에 이를 수 있다고 믿었다. 이것이 인간 존재의 깊은 곳에 대한 공자의 통찰이자 이해였다.

공자가 배움이라는 키워드로 자기 삶을 돌아보며 십 년 단위로 자신이 이룬 수기의 경지를 이야기한 대목은, 바로 인간이 배움과 자기 훈련을 통해 성인군자가 될 수 있다는 공자의 사상이 그의 삶에 여일하게 녹아든 모습을 잘 보여준다.

내 열다섯에 배움에 뜻을 세웠고, 삼십에 섰고, 사십에 의혹됨이 없었다. 오십에 천명을 알았고, 육십에는 귀가 순해지더니, 칠십에는 마음이 하고 싶은 대로 해도 경우에 어긋나지 않았다.

(『논어』「위정」)

‘지학志學’ ‘이립而立’ ‘불혹不惑’ ‘지명知命’ ‘이순耳順’ ‘종심從心’
은 십 년 단위의 나이 대를 대신하는 이름으로 널리 사용하
는 말이다. 나이에 따라 개인이 성숙해가는 단계를 보여주
는 이 구절은 공자가 십 년 단위로 자신을 설명한 자기소개
서와 같다.

열다섯에 배움에 뜻을 두고 정진해 십오 년이 지난 즈
음에 공자는 스스로 섰다. 서른 살, 각자 나름의 길을 걸어
가며 자기 인생을 책임질 나이이다. 자기 인생을 스스로 책
임진다는 것은 자기가 인생의 주인이 되어 자기의 삶을 주
도해나간다는 말이다. 남들의 평가에 일희일비하지 않고 본
인의 길을 당당하게 걸어간다는 뜻이다.

그리고 사십 대가 되었을 때 무엇에도 흔들리지 않는
내면의 중심을 확립했다. 마흔에 ‘불혹’하게 되었다는 말을
뒤집어 보면 서른에 자립한 뒤 마흔이 되기까지 여전히 많
은 흔들림이 있었다는 뜻이기도 하다. 홀로 서서 걸어가는
길이 그리 녹록지 않았을 것이다.

그럼에도 불구하고 공자는 끊임없이 자기를 교정하며
한 발 한 발 걸어간 결과, 마침내 불혹의 경지에 이를 수 있
었다. 불혹, 정말 쉽지 않은 말이다. 마흔을 넘긴 사람은 다
들 안다. 사십 대가 얼마나 많이 흔들리는 ‘미혹’의 나이인

지를. 그래서 더욱 당혹스러운 때라는 것을.

오십에는 천명을 알게 되었다. 자신의 도가 세상에 받아들여지지 않는 것도 천명이요, 자신의 도를 묵묵히 미루어 실천하는 것 역시 천명으로 받아들였다. 외부 세계의 우연성을 경외하면서도畏天命 자기의 삶을 주체적으로 주도해나가는 경지에 이른 것이다. 이것이 바로 "남들이 알아주지 않아도 부루퉁하지 않으면 군자답다"는 경지이다.

'이순'은 듣고 싶은 대로 듣는 것이 아닌 들리는 그대로 듣는 것을 뜻한다. 있는 그대로 듣기를 방해하는 자기 안의 장애물, 마음속의 필터가 사라진 상태이다. 바로 장자가 말한 기氣로 듣는 경지이다. 내게 말을 거는 상대가 있는 그대로의 모습 그대로 내 마음속에 들어올 수 있는 빈자리를 하나 마련해주는 것이다. 그곳은 말하는 상대방이 아무런 두려움이나 걱정 없이 온전히 자기답게 존재할 수 있는 곳이다.

"칠십에는 마음이 하고 싶은 대로 해도 경우에 어긋나지 않았다"라는 것은 마음이 내키는 대로 하여도 걸림이 없는 대자유의 경지를 말한다. 에고가 사라지고 물아일체가 가능해진 상태다. 이것이 바로 성인의 경지일 것이다.

공자가 이러한 경지에 이를 수 있었던 것은 부귀영화

를 위한 수단으로서의 배움이 아니라, 참된 사람이 되는 배움의 길을 선택했기 때문이다. 그리스 철학자 에픽테토스는 인간은 스스로의 노력으로 자신의 생각, 감정, 욕망, 애착, 자유, 자제력 등을 바꿀 수 있지만 재산, 명성, 자신에 대한 다른 사람의 평판 등은 아무리 노력해도 바꿀 수 없다고 했다. 후자에 속하는 것은 본인의 노력 외에 우리의 통제력이 미치지 않는 수많은 우연성이 개입하기 때문이다.

> 부가 구해서 얻을 수 있는 것이라면 채찍 잡는 일일지라도 내 기꺼이 하겠다. 그러나 구해도 얻을 수 없는 것이라면 내가 좋아하는 일을 하겠다.
>
> (『논어』 「술이」)

부가 추구한다고 해서 얻어지는 것이라면 채찍을 잡는 마부와 같은 일이라도 기꺼이 하겠지만 그렇지 않다면 자신이 좋아하는 것을 하겠다는 말이다.

부는 누구나 다 좋은 것이다. 그러나 그것이 원한다고 해서 얻어지던가? 그것은 마치 무지개를 좇는 것과 같다. 부와 권력은 뜬구름과 같아서 바람 따라 와서 내게 머물다가 바람이 불면 떠나간다. 공자는 그것을 일찌감치 통찰했다. 그 사실을 통찰한 바, 의지대로 할 수 없는 일에 매달려 삶을 낭비할 필요가 있을까?

그렇다면 무엇을 할 것인가? **"내가 좋아하는 것을 하겠다", '종오소호從吾所好'는 아무리 노력해도 의지대로 할 수 없는 것을 좇는 허망한 삶을 버리고, 자기 의지로 바꿀 수 있는 것에 힘쓰겠다는 선언이다.** 그것이야말로 자기를 가장 자기답게 하는 길이다. 세상의 흐름에 곁붙지 않고, 인정받고 싶은 욕망이나 소유하고 싶은 욕망을 놓고, 존재 그 자체로 충만하며, 어디에도 매이지 않는 자유로운 삶을 사는 길이다.

세 번째 숲

인생은 빗속에서
춤추는 법을 배우는 것

-소동파

별은 어둠의 깊이를
탓하지 않는다

부처님은 일찍이 인간의 삶이 '고해苦海'임을 통찰하고 비통해했다. 그 뒤로 지금까지 오랜 세월이 흘렀으나 사람들의 삶은 그다지 변한 바가 없는 듯 보인다. 오히려 지금을 살아가는 우리의 삶이 과거 어느 때보다 더 고통스러워 보이니 말이다. 이 세상에 태어나 살아가는 모든 사람은 누구 하나 예외 없이 태어나는 고통에서 시작해 마지막 숨을 거두는 순간의 고통에 이르기까지, 크고 작은 고통을 겪는다.

누구나 고통을 겪는다는 사실은 변하지 않지만 고통을 대하는 각자의 태도는 다양하다. 아픈 만큼 성숙해진다는 말처럼 어차피 인간이 성장하기 위해서는 고통을 겪을 수밖에 없다는 사실을 인정할 수 있다면, 그렇다면 인간의 삶에 드리워진 고통을 어떻게 이해하면 좋을까?

흔히들 고통을 두고 '극복한다'라는 표현을 많이 쓴다. 고통은 주로 '극복'해야 할 대상으로 다루어진다. 불굴의 의지로 극복하는 것은 '노력'의 차원에 속한다. 마치 폭풍우 속에 굳건히 서서 버티는 나무와 같다. 하지만 그렇게 꼿꼿이 서서 버티는 나무는 감당할 수 있는 이상의 폭풍이 불면 뿌리를 드러내고 쓰러진다.

고통을 다루는 또 다른 방식으로 노력의 차원이 아닌 '동의'의 차원이 있다. 그것은 폭풍에 온몸을 맡기는 갈대와 같다. 그러나 **갈대는 아무리 센 폭풍이 불어도 뿌리를 드러내고 쓰러지지 않는다.**

중국의 대문호 소동파蘇東坡(1036~1101, 본명은 소식蘇軾)의 글은 자기 앞에 닥친 고통에 '동의'하는 삶에 대해 이야기해 준다. 고통에 직면했을 때 소동파는 불행한 상황을 탓하며 자포자기하거나 거기서 벗어나려고 발버둥치지 않았다. 그것이 자신의 힘으로 어쩔 수 없는 일임을 알았을 때, 그는 그 상황을 호오와 미추의 분별없이 있는 그대로 동의하고 받아들였다.

그리고 실제와 전혀 상관없는 상상으로 인한 근심과

불안이 야기하는 왜곡된 관점이 지닌 오류를 기지 넘치는 유머로 꼬집었다. 자기 삶에 던진 그의 유머는 우리에게 위트 있고 따뜻한 위로를 주고 슬며시 미소 짓게 하면서 고통의 이면에 숨어 있는 삶의 신비에 눈뜨게 한다. 이 때문에 소동파의 글은 고통과 좌절을 겪었던 많은 사람에게 특별한 사랑을 받았다. 중국에서뿐만 아니라 한자를 사용하는 그 주변 국가에 이르기까지, 또 세월이 흐를수록 더욱더.

명나라의 유명한 출판기획자였던 진계유는 『소장공문집선』 서문에서 "고금의 문장 대가는 수백 명이지만 그중에서도 동파는 학사대부부터 장사치와 아낙네까지, 그리고 천자와 태후부터 통역에 통역을 거듭해야 그 말을 알아들을 수 있는 오랑캐에 이르기까지, 그를 모르는 사람이 없다. 몸은 이미 세상을 떠났지만 그 정신이 나날이 새롭고 그 행동이 갈수록 빼어난 사람은 천고에 동파 한 사람뿐"이라며 극찬했다. 지위 고하, 남녀노소, 내외국인을 불문하고 널리 사랑받았던 사람, 세월이 아무리 많이 흘러 세상이 바뀌었어도 그 인품이 퇴색되지 않는 사람, 그가 바로 소동파였다.

명나라의 혁신적 사상가였던 이지 역시 소동파를 몹시 좋아해 그의 글을 가려 뽑은 『파선집』을 편찬하면서 이렇게 말했다. "동파는 어떤 사람이기에 그의 문장이 경천동지하는가? 세상 사람들은 알지도 못하면서 그저 그의 문장을 칭송할 뿐이다. 동파에게 문장이란 여사餘事에 불과한 일이었는지도 모른 채. 이 세상에는 인품이 빼어나지 못하면서 불후의 문장을 남긴 사람이 없다." 동파의 문장이 후세에까지 그토록 칭송받는 진짜 이유는 그의 탁월한 인품 때문이었다. 그 옛날 사대부들에게 글文이란 그 사람의 인품이 그려낸 무늬文였으므로.

조선시대에 매화 그림으로 명성을 날렸던 화가 우봉 조희룡은 철종 2년에 추사 김정희의 북청 유배 사건에 연루되어 임자도에 유배되었다. 아무도 위로해주는 이 없는 고독한 유배 생활 속에서 조희룡은 소동파를 통해 자신의 고통을 위로했다. 「동파선생의 입극상笠屐像을 자리 오른쪽에 걸어놓고 매화 한 폭을 그려 입극상 옆에 거니 마치 선생에게 드리는 예물 같다. 장난삼아 시 한 수를 써서 서울에 있는 친구들에게 보내 한 번 웃게 한다」라는 긴 제목의 시는 동파가 문인들에게 어떤 의미로 받아들여졌는지 잘 나타나 있다.

동파선생의 입극상을 그려놓고
또 선생이 바다 밖에서 쓴 시를 읽는다

봄바람 부는 고개 위 회남촌

그 매화는 일찍이 선생께서 알아주었지

지금 장기 서린 안개와 장마 비 속에서

먹을 뿌려 선생을 위해 매화를 그린다

천년 뒤에 매화를 공양하는 것은

선생이 눈을 크게 뜨는 것 보고 싶어서라

이 이치는 물이 땅위를 흐르는 것과 같은 것

내가 이와 같이 들은 것이지 나의 사사로운 생각이 아니다

향을 피워 제사를 지내는 인연이 어찌 헛되겠는가?

황금으로 부처를 주조하는 것 역시 이와 같은 것

선생이 숭산 남쪽에서 보던 옛 달

그 달 한 조각 물가에 완연하여

큰 표주박에 떠서 내 것으로 삼노니

서울에 있는 친구들이 들으면 응당 나를 비웃으리라

「동파선생 입극상」이란 소동파가 해남도에서 귀양살이하던 어느 날, 길에서 갑자기 비를 만나 근처 농가에 뛰어 들어가 빌린 삿갓을 쓰고 나막신을 신은 모습을 그린 「동파 입극도」를 말한다. 대나무로 만든 삿갓을 쓰고 나막신을 신고 태연하게 가던 길을 계속 가는 동파를 보고 동네 부인들

과 어린아이들이 뒤따라가며 웃어대고 동네 개들이 다 나와서 짖어댔다고 한다. 이런 뒷이야기를 지닌 「동파입극도」는 조선 말기 조희룡, 허련, 유숙, 지운영 등 여러 화가의 붓으로 그려져 문인들에게 널리 환영받았다.

유배지에서 조희룡은 삿갓과 나막신 차림으로 빗속을 걸어가는 동파의 초상화를 그려놓고 동파가 말년에 유배지에서 쓴 시를 읽는다. 매화 그림으로 명성을 날렸던 그는 자신이 그린 매화를 동파에게 드리는 예물로 삼아 향을 피우고 참배한다. 그는 자신의 이런 행위를 황금으로 부처를 주조하는 것과 같은 이치라고 말한다. 또한 천고의 시간을 지나온 달을 시간과 공간의 차이를 넘어 두 사람을 이어주는 매개로 삼는다.

외롭고 쓸쓸하기 짝이 없는 유배지에서 동파를 기리는 조희룡의 행위는 부처를 통해 고해의 삶에서 해탈하고자 하는 간절한 종교적 열망과도 닮아 있다. 그는 동파의 삶을 떠올리며 자신의 외롭고 간난한 삶을 의연하게 헤쳐나가고자 했다. 그에게 동파는 바로 고단한 삶에 위로와 희망을 주는 하나의 표상이었다.

그는 동파에게 참배하고 동파의 글을 읽으면 자신의 힘겨운 삶을 위로받고 다시 희망을 갖고 살아갈 힘을 얻을 수 있다는 믿음을 가지고 있었다. 고립무원의 좌절 속에서 지푸라기 하나라도 잡고 싶은 처절한 심정이었을 때, 그가 붙잡고 매달렸던 것이 동파였다는 사실은 특별히 시사하는 무언가가 있어 보인다. 도대체 동파의 어떤 점이 고통을 마주한 많은 이의 마음에 그토록 간절하게 다가갔을까? 동파가 남긴 글을 통해 '동의'의 차원에서 고통을 바라보는 새로운 프레임을 탐색해보자.

동파라는 호로 더 잘 알려진 소식은 정말로 다재다능한 사람이었다. 예술가로서 그는 위대한 시인이자 작가이며, 북송 4대 서예가 중 하나로 꼽히는 이름 있는 서예가이자, 창조적인 화가였다. 유학자로서 그는 백성의 고충을 잘 이해해주는 정치가였고, 황제의 비서관이라는 높은 벼슬을 지냈으며, 『논어』『주역』『서경』 등의 경전에 주석을 한 학자였다. 더불어 도교와 불교에도 깊은 조예를 지녔으며, 유불도 사상 어느 한쪽으로도 치우치지 않은 품이 넓은 철학자였다. 그리고 술을 많이 마시지는 못했지만 친구와 함께 술을 마시는 일을 즐겼으며 직접 술을 담가 시음하는 것도 좋아했다. 요리에도 재능이 있어서 직접 개발한 요리도 수십 종에 달한다고 한다. 그중에서 가장 널리 알려진 것이 바로 동파육인데, 중국에서뿐만 아니라 우리나라 식당에서도 맛볼 수 있는 매우 보편적인 메뉴이다.

1036년 12월 19일 사천성 미산에서 태어나 자란 소동파는 시골의 한미한 집안 출신이었다. 나이 스물둘에 과거 시험에서 두각을 드러냈고, 당시 문단의 영수였던 구양수의 인정을 받으면서 기라성처럼 중앙 정계에 등단했다. 구양수는 동파의 글을 읽고 친구 매요신에게 "나도 모르는 사이에 땀이 흘렀다. 즐겁고 또 즐겁다. 늙은이가 마땅히 길을 비켜 그가 나아갈 길을 내주어야겠다. 기쁘다, 정말 기쁘다"라고 했으며, 자신의 아들에게는 동파로 인해 "삼십 년 뒤에는 아무도 나를 일컫지 않을 것"이라고 극찬했다.

그러나 화려한 등단과 달리 소동파의 벼슬길은 그리 순탄하지 못했다. 신종의 개혁 의지에 힘입어 재상 왕안석이 신법을 시행하자 이를 반대하는 상소를 올려 미움을 샀고, 이 때문에 조정에서 견디기 어려워지자 외직을 자청해 지방관으로 나갔다.

지방관으로 근무하면서 신법의 장단점을 몸소 체험한 소동파는 친한 벗들과 현실을 풍자한 시를 주고받았다. 그런데 반대파에서는 그런 시를 증거 삼아 그가 조정을 모욕하고 황제에게 불충한 무례를 저질렀다는 죄를 뒤집어씌웠다. 역사에서는 이를 오대시안烏臺詩案이라고 하며 문인들에게는 매우 충격적인 필화 사건으로 기억된다.

이 사건으로 약 백삼십 일 동안 어사대에 구금되어 죽음에 이를 뻔한 동파는 많은 사람들의 구명 운동으로 겨우 목숨만 부지한 채 황주로 유배되었다. 공무에 참여할 수 없고, 유배지를 벗어날 수 없는 귀양살이인 데다가 그와 연루된 친구들도 귀양 가거나 벌금형을 받았다. 나이 마흔넷에 겪은 이 사건은 그의 삶에 내린 혹독한 된서리였으며, 동시에 그의 삶과 글이 바뀌는 터닝포인트가 되었다.

이로부터 그의 삶은 몹시도 큰 낙차를 보이며 부침했다. 신법을 지지하는 신법당과 신법을 반대하는 구법당의 당파 싸움으로 정권 교체가 일어날 때마다 조정으로의 소환과 유배가 반복되었다. 신법을 지지했던 신종이 승하한 뒤, 어린 철종을 대신해 수렴청정을 한 선인태후는 동파를 중앙 정계로 불러들여 파격적인 승진을 시키며 그를 전폭적으로 지지했다. 그러나 당쟁으로 바람 잘 날 없는 조정에 염증을 느낀 그는 다시 외직을 청해 지방 관리로 지냈다.

철종이 자라 친정親政하면서 다시 신법을 지지하는 인물을 조정으로 불러들이자 동파는 나이 쉰아홉에 광동성 혜주로 유배되었고, 예순둘에 다시 바다 건너 해남도 담주로 유배되었다. 철종의 아들 휘종이 즉위하면서 사면·복권

105

되었지만 일마 있지 않아 세상을 떠났다. 그의 나이 예순 여섯이었다.

그의 벼슬길에는 조정 재임, 지방 전출, 유배라는 사이클이 반복되었다. 삼십 년이 채 안 되는 관직 생활 가운데, 공무에 참여할 수도 없고 안치소를 떠날 수도 없는 상태로 귀양살이한 세월이 대략 십삼 년쯤이다. 그러므로 그의 환도宦途는 유배로 인한 유랑의 세월이 거의 반을 차지한다고 볼 수 있다. **그러나 역설적이게도 고통을 겪은 유배 시기에 그의 문학은 가장 찬란하게 꽃피었고, 그의 정신적 경지는 가장 빛났다.**

첫 번째 유배지였던 황주 시기를 기점으로 동파의 시문은 크게 변화하고 성숙했다고 평가받는다. 동파의 동생이자 지기였던 소철은 "황주로 유배되어서는 두문불출하고 필묵을 치달리더니 문장이 크게 변하여 하천이 도도히 흐르는 것 같았다"라고 했다. 지금까지도 널리 사랑받는 불후의 명작 「적벽부」 「후적벽부」 「염노교-큰 강은 동으로 흘러가고念奴嬌-大江東去」 「달밤 승천사를 거닐다記承天寺夜遊」 등과 같은 작품이 모두 이 시기에 태어났다.

『소동파평전』을 쓴 중국의 사상가 임어당은 이 시기 동파의 글에 대해 "쓰디쓴 풍자와 날카롭던 필봉, 격정과 분노는 사라지고 그 대신에 찬란함과 따뜻함, 친밀함 그리고 너그러운 해학 등이 스며들어 더욱 원만하고 성숙해졌다"라고 평가했다. 마흔 중반의 나이에 맞은 크나큰 타격으로 인해 고통의 나날을 겪으면서 동파는 변화했고, 고통으로 담금질된 뒤 태어난 그의 글은 점점 익어갔다.

이제 동파의 글을 통해 그가 자기 앞에 닥친 고난을 마주한 방식을 하나씩 더듬어보자.

평생토록 입 때문에 바쁘더니

나이 들며 일이 더욱 황당해져 우습다

장강이 성을 감도니 물고기가 맛나겠고

좋은 대나무가 산을 덮었으니 죽순이 향기롭겠네

쫓겨난 몸이니 원외랑이라도 무방하고

시인이 수부랑 지냈던 것 늘 있는 일이었지

다만 털끝만큼도 보탬이 못되면서

관가의 봉급만 축내어 부끄럽네

「황주에 막 도착해서」

원풍 3년, 2월 황주에 막 도착했을 때 지은 시다. 죽음 직전까지 갔다가 겨우 풀려나와 귀양 오고 보니 자신의 신세가 참 우습다. 마흔다섯, 인생의 절정기에 맞은 된서리로 인해 자신의 인생이 더욱 황당해져감에 문득 웃음이 나온 다. 비관적 정서로 가득할 만한 상황인데도 동파는 오히려 그곳의 수려한 자연 경관을 보고 앞으로의 생활을 낙관하며, 자신과 비슷했던 과거 시인들의 예를 들어 스스로의 불행을 위로한다.

한 번도 겪어보지 못한 유배 생활을 코앞에 두고, 아는 사람이라고는 하나도 없는 궁벽한 시골에 쫓겨온 사람의 눈에 띈 낯선 강산은 처연할 만도 한데 동파는 오히려 반전과 위트로 시를 보는 이를 웃음 짓게 한다. 강이 깊으니 물고기가 맛나겠고, 대숲이 온 산을 덮었으니 죽순도 맛있 겠다니, 이것이 유배당한 사람의 눈에 비친 풍경이라 할 수 있는가? 오히려 놀러온 사람의 눈에 보이는 풍경일 때 가능한 이야기가 아닌가?

자기 앞에 닥친 불행에 이런 유머를 던지는 순간, 그는 유배당한 수인囚人이 아닌 유람객으로 바뀐다. 그때 그 유머는 어둠속에 비쳐 드는 한 줄기 빛이 되어 현실의 누추함을 몰아낸다.

해결할 수 있는 일은 근심할 필요가 없다.
해결할 수 없는 일 또한 근심할 필요가 없다.
걱정한다고 해서 상황이 바뀌지는 않으므로.

인생이란 빗속에서
춤추는 법을 배우는 것

동파에게 황주 귀양살이는 정신적·물질적으로 모두
힘든 시기였다. 황주에 거처를 마련하기 전 임시로 머물렀
던 정혜원이라는 사원에서 지은 사詞(중국 운문의 한 형식) 「복
산자-황주 정혜원에서 임시로 머물며卜算子-黃州定惠院寓居作」를
보면 당시 받은 정신적 충격이 어떠했는지 알 수 있다.

이지러진 달 성긴 오동나무에 걸리니
물시계 소리 그치고 인적도 고요해지네
누가 볼거나? 숨어 사는 이 홀로 왕래하는
아스라이 외로운 기러기 그림자

깜짝 놀라 일어나 고개 돌려보아도
아무도 알아주지 않아 한스러워라
차가운 가지 다 가려보고도 깃들지 않네
적막한 모래톱 싸늘한데

깃들 곳 없는 외로운 기러기에 자신의 신세를 비유하

여 아무도 자신의 고통을 알아주지 않는 뼈아픈 외로움을 드러냈다. 동생 소철을 포함해 절친한 친구들이 오대시안에 연루되어 귀양을 가거나, 직함과 작위를 박탈당하고 벌금형을 받았다. 그리고 자신은 죄인이 되어 아는 이 하나 없는 곳에서 귀양살이를 시작했다. 세상 끝으로 쫓겨난 것 같은 외로움, 그 누구도 믿고 기댈 수 없다는 불신감, 그것보다 더 춥고 시린 감정이 있을까? 오대시안이 가져다준 고통은 그의 마음에 이처럼 시리고 외로운 그림자를 드리웠다.

이러한 정신적 충격으로 인해 황주에 막 안착하고 나서 그가 했던 첫 번째 일은 자기 내면에 대한 성찰이었다.

황주에 도착해 대충 거처를 정하고 먹고 입는 것이 조금 해결되자 문을 닫아걸었다. 사람들과의 왕래를 끊고 내 놀란 혼백을 가다듬으며 스스로를 새롭게 할 방도를 생각했다. 지난날의 생각과 행동을 뒤돌아보니 모두 도道에 맞지 않았다. 그것은 다만 이번에 죄를 얻은 일만 두고 하는 말이 아니다. 한 가지를 고쳐 새롭게 하려다가 또 다른 잘못을 할까 봐 두려웠다. 비슷한 일들을 따라 더듬어가다 보니 후회스러움을 이루 다 말할 수 없었다.

나는 탄식했다. "나의 도는 기氣를 제어할 만하지 못하고,

나의 성性은 습習을 이길 만하지 못하니, 근본을 다스리지
않고 말단을 고치는 것은 비록 지금 새로 고친다 하더라
도 나중에 반드시 다시 일어날 것이다. 불도에 귀의하여
깨끗이 씻어야겠다." 성 남쪽에 대나무 숲과 못과 정자가
있는 안국사를 발견하고는 하루이틀 걸러 그곳에 가서 향
을 피우고 고요히 앉아 자신을 깊이 성찰했다.

「황주 안국사기」

자기 내면을 들여다보면서 그는 자신의 공부가 자신
의 기질을 통제할 수 없는 수준이고, 자신의 본성은 자신의
습관을 제어할 수 없는 수준임을 알아차렸다. 그것이 그가
찾은 근본적 문제였다. 그는 불행이 자기를 둘러싼 현실이
나 환경에서 비롯되었다고 생각하지 않았다. 문제는 그러한
현실과 올바른 관계를 맺지 못하는 본인 스스로에게 있다
는 것을 알았기 때문이다.

**자기 앞에 닥친 불행의 원인을 자기를 둘러싼 주위에서
찾는다면 결코 그 불행에서 벗어날 수 없다. 주위 환경이 바뀌
지 않는 한 불행은 사라지지 않기 때문이다.** 그는 좌선을 통해
내면으로 주의를 돌려, 자신의 볼품없는 내면과 맞대면하는
뼈아픈 과정을 겪으며 조금씩 앞으로 나아갔다.

황주의 귀양살이는 경제적으로도 크게 힘들었다. 직함만 있다 뿐이지 공무에 참여할 수 없으므로 봉록이 끊겼기 때문이다. 진관에게 보낸 편지를 보면 살림살이가 얼마나 궁핍했는지 알 수 있다.

황주에 막 도착했을 때 봉록이 이미 떨어졌는데 식구는 적지 않아 속으로 몹시 걱정했습니다. 다만 대폭 절약하여 하루에 150전을 넘게 쓰지 않도록 하였습니다. 매달 초에 4,500전을 서른 뭉치로 나누어 대들보에 걸어놓고, 매일 아침에 갈고리 달린 장대로 한 뭉치를 내린 뒤 장대를 숨겨버립니다. 커다란 대나무 통에 그날 쓰고 남은 것을 따로 모아두어 손님 접대에 대비합니다. 이것은 사실 가수賈收가 쓴 방법이랍니다.

주머니 속에 아직 일 년 남짓 버틸 만한 돈은 남았으나 때가 되면 다른 방법을 찾아봐야겠지요. 물이 흘러들면 도랑이 된다는 말이 있으니 미리 걱정하지 않으렵니다. 이러니 마음속에는 근심할 것이 아무것도 없답니다.

「진관에게 보내는 답장」

그동안 모아두었던 돈으로 허리띠를 졸라매는 검소한

생활을 하더라도 겨우 일 년을 버틸 만했다. 이런 상황인데도 동파는 아직 닥치지 않은 미래를 걱정하며 불안해하거나 전전긍긍하지 않았다. 어쨌거나 **미래는 아직 다가오지 않았으므로 어떻게 될지 알 수 없고, 그렇기 때문에 현재의 자신이 손쓸 수 있는 방법이 없다. 자신이 컨트롤할 수 있는 부분이 아니라는 것을 알았을 때, 그것을 받아들이고 그냥 놓아두는 것이야말로 마음의 짐을 가볍게 하는 최선의 방법이다.**

걱정한다고 해서 상황이 바뀌지는 않는다. 티베트 밀교의 격언처럼 "해결할 수 있는 일은 근심할 필요가 없다. 해결할 수 없는 일 또한 근심할 필요가 없다." 동파는 이러한 이치를 잘 알고 있었으므로 일 년이 지나면 바닥날 가정 재정을 미리 근심하지 않았을 뿐만 아니라, 오히려 "물이 흘러들면 도랑이 된다"는 말로 낙관했다.

그렇게 일 년이 지나 수중에 가진 돈이 바닥나자 먹을거리도 부족할 정도였다. 이를 딱하게 여긴 친구 마정경이 주선하여, 군청 소유지인 황무지를 빌려서 몸소 개간하고 농사를 지어 생계를 꾸려갈 수 있게 해주었다.

내가 황주에 온 지 이 년째가 되자 하루하루가 궁핍했다. 친구 마정경이 내가 먹을 것이 부족한 것을 슬퍼하여, 군청에 청원하여 옛날 군영지 수십 마지기를 얻어 몸소 경작하도록 해주었다. 그 땅은 이미 황폐하여 가시나무와 기와조각이 널려 있는 데다가, 큰 가뭄이 들어 땅을 개간하는 데 근력을 거의 다 소모했다. 쟁기를 놓고 탄식하며 이 시를 지어 수고로움을 스스로 위로하고, 내년에 수확이 있어 이 노고를 잊을 수 있기를 바란다.

아무도 돌아보지 않는 황폐한 보루
무너진 담엔 쑥대만 가득
누가 힘을 쏟으랴
세밑이라도 수고한 보상이 없는데
오직 이 외로운 나그네만이
하늘 끝까지 달아날 곳 없어
어쩔 수 없이 기와조각 돌멩이 주워내지만
가뭄으로 흙이 메말라
삐쭉빼쭉 풀과 가시덤불 속에
한 치밖에 못자란 터럭 같은 작물
아아, 쟁기 놓고 탄식하네
내 창고는 언제쯤 가득 차려나

(「동파 8수」 중 서문 및 제1수)

일 년이 지난 뒤 가진 돈이 다 떨어졌을 때, 비록 황무지이기는 하지만 땅을 경작해 먹을거리를 얻을 수 있게 되었다. "물이 흘러들면 도랑이 된다"고 낙관했던 동파의 믿음이 현실이 되었다고 할 수 있다. 그는 이곳을 동파東坡라고 불렀고, 그것을 평생 자신의 호로 삼았다. 그만큼 이곳은 동파에게 각별한 의미가 있었다.

그는 황주 유배 생활을 통해 많은 변화를 겪었다. 세상에 홀로 남겨진 듯한 처절한 외로움을 느꼈으며, 자신의 내면과 직접 마주했고, 사대부이지만 몸소 농사를 지어 생계를 잇는 농부의 삶을 시작했다. 이러한 변화는 힘겹고 고통스러웠다. 1083년 4월에 지은 사 「임강선-밤에 임고정으로 돌아오다臨江仙-夜歸臨皐」를 보면 힘겨운 삶에서 벗어나고 싶어 하는 그의 심정을 엿볼 수 있다.

밤에 동파에서 술 마시고 깨었다간 다시 취하고
돌아오니 아마 삼경 즈음
가동家童은 이미 우레같이 코를 골고
문 두드려도 도무지 대답이 없어
지팡이 짚고 강물 소리 듣네

이 몸이 내 소유 아님이 늘 한스러워

언제쯤 아등바등 사는 삶을 잊을 수 있을까

한밤중에 바람 자니 물결무늬 잔잔한데

여기서 작은 배 띄워 가서

바다에 여생을 맡길까

　늦은 밤 홀로 서서 흐르는 강물 소리를 듣고 있을 때, 마음 깊은 곳에 있던 슬픔과 힘겨운 감정이 슬며시 떠올랐다. 그가 정말로 원하는 것은 고통스러운 삶에서 벗어나 시골에서 은거하며 자유롭게 사는 것이었다(그의 사직서는 줄곧 받아들여지지 않아 이 소원은 그가 죽기 바로 전에야 이룰 수 있었다). 그러나 벼슬에 매인 몸인 데다 벌을 받고 있는 죄인이라 마음대로 할 수 없는 상황이 한스럽고 서글프다. 그래도 여전히 이 속에서 아등바등 살 수밖에 없다.

　이처럼 자신이 원하는 상황이 주어지지 않거나, 원하는 대로 상황을 바꿀 수 없다면 어떻게 해야 할까?

　숲을 뚫고 잎새 두드리는 빗소리 들을 것 없다

　읊조리며 천천히 거닐어도 무방하지

　대나무 지팡이에 짚신이 말타기보다 경쾌하니

무엇이 두려우랴

이슬비 속에 도롱이 쓰고 한평생을 맡긴들

(「정풍파」)

이는 황주 근처에 있는 사호로 가던 도중에 비를 만난 일을 노래한 사이다. 우비를 가지고 가던 사람이 앞서 가는 바람에 동행하던 사람들이 모두 낭패스러워했으나, 동파만은 아무 거리낌 없이 시를 읊조리며 천천히 빗속을 거닐었다.

동파는 자신에게 주어진 외부 상황에 얽매어 우울해하거나 한탄하며 스스로를 비참하게 만들지 않았다. **오히려 그 상황을 받아들이고 그 속에서 자신이 할 수 있는 것을 찾아 즐길 줄 알았다. "인생이란 폭풍우가 지나가기를 기다리는 것이 아니라 빗속에서 춤추는 법을 배우는 것"이라는 격언처럼.**

그러므로 그는 궁벽한 곳에 유배되어 궁핍하게 살면서도 초조해하거나 불안해하지 않았다. 언제 유배 생활에서 벗어날 수 있을까? 어떻게 하면 다시 관직을 회복해 여기를 떠날 수 있을까? 이렇게 **근심하기보다는 그에게 주어진 한가로운 삶을 있는 그대로 받아들임으로써 오히려 자유로워졌다. 그 자유로움은 빗속에서 천천히 거니는 즐거움을 선물했다.** 전에는 몰랐던 기쁨을 깨달은 그는 평생을 이슬비 속에 도롱이를 쓰고 산다 해도 두렵지 않다고 했다.

이제 그에게 유배는 더 이상 벗어나야만 하는 족쇄가 아니었다. 정신적·경제적 고통이 존재하기는 하지만 거기에는 이전에는 알 수도 없었고, 경험해보지도 못했던 차원의 삶이 존재하고 있었다. 그에게 닥친 화禍에 진심으로 '동의'하자 그 이면에 있는 복福이 보였고, 그것을 '즐길' 수 있었던 것이다.

고통이든 기쁨이든
그저 흐르는 것일 뿐

1084년, 유배지가 여주로 바뀌어서 그곳으로 가는 길에 여산을 지나게 되었다. 여산에서 남긴 그의 시에는 유배 생활을 겪으며 깨달은 삶의 통찰이 빛난다.

가로로 보면 고개, 옆에서 보면 봉우리

원근고저에 따라 각기 그 모습 다르네

여산의 참모습을 알지 못하는 것은

단지 내 몸이 이 산속에 있기 때문이지

「서림사 벽에 쓰다」

산속에 있을 때는 그 산의 진면목을 알 수 없다. 자신이 선 자리에서 보이는 산의 모습은 자리를 바꿀 때마다 달라지기 때문이다. 이처럼 인간의 인식 능력이란 인식 조건의 제약을 받기 때문에 늘 한계를 지닌다. 그러므로 인간은 결코 자신이 경험하고 있는 전체 사태를 다 이해할 수 없다. 그래서 설명할 수 없고, 이해되지 않는 것은 '운명' '우연' '불가사의' 혹은 '어떻게 이럴 수가'와 같은 말로 표상된다.

우리가 지금 보고 있는 것이 사태의 일부라는 것, 입장이나 관점이 달라지면 얼마든지 다른 면이 보일 수 있다는 사실을 알면, 내가 옳고 네가 틀렸다는 시비판단이나 독선, 아집 등으로 다른 사람을 불행하게 만드는 일이 많이 줄어들 것이다.

이러한 이치로 미루어 보면 자기 앞에 닥친 고통을 이해하는 방식도 달라진다. 관점을 달리하면 산의 모습이 달라지는 것처럼, 고통으로 보이는 사태의 다른 면을 볼 수 있다. 큰 어려움을 겪고 난 뒤에 더 단단해진 자신을 마주한 경험이 있지 않은가? 그제야 우리는 시인한다. 고난이 자신을 성숙하게 했음을. 설령 그 당시에는 알아채지 못하더라도 모든 사건에는 긍정적인 면이 있다. 시간이 흐르고, 보는 관점이 달라지면서 수긍하게 된다. "나를 죽이지 못하는 것은 나를 더 강하게 만든다"라고 했던 니체의 말에.

고통의 이면에 다른 얼굴이 있다는 사실만 알아도 최소한 고통에 함몰되지 않을 수 있다. 그 순간에는 보이지 않을지라도 고통 속에 숨겨진 긍정적인 면이 있고, 그로 인해 이전과는 다른 자신으로 변화할 것이라는 기대와 믿음이 생긴다.

그렇게 삶에 찾아온 고통에 동의하고, 그것을 유의미한 것으로 받아들일 때, 그 무게는 훨씬 가벼워진다. 고통으로 보이는 사태의 다른 면을 발견하고 빗속에서 춤추는 기쁨을 느낄 줄 아는 능력, 그것이 바로 고해를 건너는 우리가 행복하게 살아갈 수 있는 유일한 기술이다.

원풍 6년 10월 12일 밤, 옷을 벗고 잠자리에 들려는데 문으로 들어오는 달빛이 너무 좋아서 일어나 거닐었다. 달빛을 함께 즐길 이가 없다는 생각이 들어 승천사에 가서 장회민을 찾았다. 회민도 아직 잠들지 않아 함께 뜰 안을 산책했다. 뜰 아래는 마치 달빛이 비치는 연못처럼 투명하게 빛나고 있었고, 그 속에 마름과 노랑어리연이 어지러이 섞여 있는 것처럼 보였다. 모두 대나무와 잣나무의 그림자였다. 어느 밤에 달이 없으며, 어느 곳에 대나무와 잣나무가 없으랴. 단지 나와 회민처럼 한가한 사람이 적을 뿐이지.

(「달밤 승천사를 거닐다」)

달빛이 가득 고인 뜰은 투명한 연못이 되고, 뜰에 비친 대나무와 잣나무 그림자는 연못에 떠 있는 마름과 연잎처럼 보인다. 어느 곳에나 뜨는 달, 어디에나 있는 대나무와 잣나무, 특별할 게 하나도 없는 범상한 경치가 그날 밤 동파에게 특별히 아름답게 빛나는 풍경으로 다가왔다.

마치 사랑에 빠졌을 때 세상이 달라 보이는 것처럼 범상한 일상의 풍경을 특별한 아름다움으로 경험한 것이다. 그것은 유배 생활이 그에게 준 한가로움을 통해서 얻어진 신비였다. 이렇듯 빗속에서 춤추는 즐거움을 경험하면 삶이 지닌 내밀한 속내가 보인다.

만 사 년이 좀 넘는 황주 유배 생활을 겪으며 동파는 자신에게 닥친 불행과 고통이 지닌 긍정적인 면을 바라보게 되었다. 유배가 가져다준 고통은 확실히 그의 삶을 신산하게 만들었지만, 그럼에도 불구하고 거기에 내재한 삶의 아름다움을 알아보고 즐길 수 있었던 것은 바로 이 때문이었다. 고통의 뒷면을 볼 줄 아는 안목과 고통이 주는 선물을 향유할 줄 아는 능력, 그의 인품의 탁월함은 바로 이 지점에 있다.

신종이 승하한 뒤 어린 철종을 대신해 수렴청정했던 선인태후는 신법당 인사를 내쫓고, 구법당 인사를 다시 조정으로 불러들였다. 동파는 태후의 절대적 신임에 힘입어 황제 곁에서 황제의 언행을 기록하는 기거사인, 조정의 조서를 작성하는 중서사인을 거쳐 한림학사지제고, 예부상서에 이르렀다. 그러나 당쟁으로 인해 견제와 질시가 심해진 조정에 염증을 느낀 동파는 다시 외직을 청해 항주, 양주 등지로 나갔다.

철종이 자라서 친정하기 시작한 소성 원년(1094)에 신법파 인물이 대거 등용되면서 선인태후의 지지를 받았던 구법당 인사는 모두 조정에서 축출되었다. 그중에서 동파는 대유령을 넘어 대륙 남쪽 끝에 위치한 머나먼 오지로 유배된 첫 번째 인물이었다.

지금의 광둥성 혜양에 해당하는 혜주는 황주보다 훨씬 편벽하고 기후 조건도 열악한 곳이다. 황주에 유배되었을 때처럼 공무에 참여할 수 없고, 안치소를 떠날 수 없는 신분으로 이곳에서 이 년 넘게 귀양살이하다가 나이 예순 둘에 다시 바다 건너 해남도 담주로 유배되었다.

노년이라는 육체적 조건과 열악한 자연환경으로 인해 두 번째로 닥친 유배는 첫 번째보다 훨씬 가혹했다. 그러나 두 번째로 맞는 좌절과 고통 앞에서 동파의 정신과 영혼은 더욱더 단단해지고 빛났다.

혜주에 도착해 잠시 가우사에 머물 때 동파는 송풍정 주위를 걷다가 또 한 번 중요한 깨달음을 얻었다.

내가 혜주 가우사에서 머물 때였다. 송풍정 아래를 발길 닿는 대로 거닐다가 다리에 힘이 빠지고 피곤하여 침상에서 쉬고 싶었다. 송풍정이 있는 곳을 바라보니 아직도 나무 끝에 있기에 '어떻게 저기까지 가나?' 하는 생각이 들었다. 한참 있다가 갑자기 "여기라고 왜 쉴 만한 곳이 없겠는가?"라고 중얼거렸다.

그러자 마음이 마치 낚싯바늘에 걸렸던 고기가 거기서 빠져나온 것과 같았다. 만약 사람들이 이러한 이치를 깨닫는다면 비록 두 군대가 서로 대치하여 북소리가 우레처럼 울리고, 앞으로 나아가면 적에게 죽고 뒤로 물러나면 군법에 의해 죽는 상황에 당면하더라도 얼마든지 잘 쉴 수 있을 것이다.

「송풍정에 노닐다」

'반드시 ~를 해야 한다'는 마음이 바로 우리를 구속하는 굴레이다. "꼭 침상에서 쉬어야 한다"는 마음을 놓아버리자 숲속 어디나 다 쉴 수 있는 곳이 되었고, 곧바로 편안한 휴식을 취할 수 있었다. '반드시 ~를 해야 한다'는 마음을 내려놓는 것, 그것이 바로 자기가 처한 상황을 있는 그대로 받아들이는 '동의'의 첫걸음이다.

1095년 겨울, 조정에서 대사면령을 내렸으나 자신을 포함한 구법당 인사들만 사면을 받지 못했다는 소식을 접한 동파는 북쪽으로 다시 돌아갈 희망이 없음을 알았다. 상황이 이렇게 되자 그는 '반드시 북쪽으로 돌아가야 한다'는 마음을 놓아버리고 혜주에서 여생을 마치기로 결심했다. 그의 사촌 정지재에게 보낸 편지에 당시의 심경이 잘 나타나 있다.

요즘 일이 돌아가는 상황을 보니 이미 제가 북쪽으로 돌아갈 희망은 없는 것 같습니다. 하지만 저의 마음은 오히려 편안합니다. 원래 혜주의 수재였는데 과거에 번번이 낙방하여 평생을 고향에서 살기로 작정한 것과 같다고 여기면 되지요. 이렇게 생각하면 아무 걱정이 없답니다.

군이 자신이 살던 옛 고향으로 돌아가겠다는 마음을 버리고, 혜주에서 사는 지금의 상황에 완전히 '동의'하고 있음을 알 수 있다. 동의하는 과정은 어떤 상황에서도 유머 감각을 잃지 않는 동파답게 해학이 넘친다.

혜주에서 여생을 마치려고 마음먹은 뒤에는 백학봉 산기슭에 가족이 함께 살 집을 지었다. 동파는 그때의 심경을 「여지를 먹고食荔支二首」에서 매우 해학적으로 노래했다.

나부산 아래는 사계절이 봄이라
금귤과 양매가 차례로 열리네
매일 여지 삼백 알을 먹으니
오래도록 영남 사람 되어도 좋겠네

여지는 북쪽에서는 구경하기도 힘든 귀한 과일인데 혜주에서는 하루에 삼백 알이나 먹을 수 있으니 이 얼마나 행운인가? 황주에 처음 도착했을 때 쓴 시에서 보여준 것처럼 그는 불행 속에 깃든 복을 알아보았다.

자신이 바꿀 수 없는 상황이라면 그 상황을 받아들이는 것이 고통을 정면으로 관통하는 비법이다. 의지가 하는 최고의 활동은 '노력'이 아니라 '동의'라는 말이 있다. **동파는 자기에게 주어진 상황을 마치 파도 타는 사람이 물의 흐름에 온몸을 완전히 맡기듯 그냥 있는 그대로 받아들였다. 아무리 고통스럽고 절망적이더라도 좋다거나 나쁘다거나 하는 판단 없이.**

쫓겨난 신하의 몸으로 귀양 간 곳이지만 자신을 그곳 출신인 양 여기고, 여지 때문에 남은 생을 영남의 벽촌에서 살아도 좋다고 말하는 동파의 유머는 불행에 동의하는 중요한 기제이다. 아무리 어려운 상황에서도 동파는 유머 감각을 잃지 않았다. 유머는 고통과 불행을 승화시키고, 걱정과 근심의 무게를 감소시키는 놀라운 힘을 주었다.

항주통판으로 있을 때부터 평생지기로 절친하게 사귀었던 참료 스님이 혜주로 유배된 자신을 걱정하는 편지를 보내왔을 때도 그는 유머가 넘치는 답장을 보냈다.

제가 귀양지에 온 지 반년, 모든 것이 대충 지낼 만하니 자세히 말하지는 않겠습니다. 대략을 말하자면 마치 영은사와 천축사의 스님이 절에서 나와 작은 마을에 있는 절에 살면서 다리가 부러진 솥에 현미밥을 끓여 먹으면서 일생을 보내도 그럭저럭 괜찮은 것과 같습니다.

그 밖에는 장기가 사람을 병들게 하는 것인데, 북방이라고 어디 병에 걸리지 않습니까? 병은 다 사람을 죽일 수 있는 것이니 하필 장기만 그렇겠습니까? 다만 의사와 약이 없는 것이 괴롭기는 하지만 서울에 이름난 명의의 손에서 죽어간 사람은 더욱 많지요. 그대는 이 말을 듣고 한 번 웃으시고 다시 제 걱정일랑 마십시오.

「참료 스님에게 보내는 편지」

고통 속에서도 웃을 줄 아는 그의 유머가 반짝이는 글이다. 부족한 먹을거리, 열악한 의료 환경이라 살아가기 힘든 상황이 뻔한데도 동파는 이를 특별히 불행한 상황으로 받아들이지 않는다. 그는 자기 삶의 큰 변화를 스님의 삶에 비유했다.

영은사와 천축사는 항주 시내에 있는 큰 사찰이다. 신도가 끊임없이 찾아오고, 시주도 많이 들어오는 곳이다 보니 물질적으로 매우 풍족하다. 이것은 혜주로 유배되기 전 동파가 조정에서 고관으로 지내던 시절을 의미한다. 시골의 작은 절에서 지내는 것은 혜주로 귀양 온 상황을 말한다. 영은사에서 풍족한 삶을 살든, 시골의 작은 절에서 홀로 곤궁하게 살든 수도자에게는 다 유의미하고 중요하다.

질병도 마찬가지다. 어디에 살건 질병으로 인한 죽음은 인간 삶의 굴레 중 하나다. 특별히 혜주의 장기만이 죽음을 초래하는 것은 아니다. 인명은 재천이니 혜주에 있든 수도에 있든, 의사가 있든 없든 간에 죽음은 언제든 때가 오면 찾아드는 것이다.

이처럼 당면한 굶주림과 질병을 유배라는 특수한 조건 때문에 겪는 고통으로 보지 않고, 인간의 삶에 편재하는 고통으로 받아들이는 동파의 유머는 범인의 허를 찌른다. 이 편지를 받은 참료 스님은 분명 자기도 모르게 터져 나오는 웃음 속에서 동파의 탁월함을 느꼈을 것이다. 그리고 한편으로는 자신의 쓰잘머리 없는 염려가 부끄러웠을 것이다.

나는 아무것도 원하지 않는다, 나는 아무것도 두렵지 않다, 나는 자유롭다

예순둘에 바다 건너 해남도에 도착했을 때, 동파는 망연하고 슬픈 감정을 느꼈다. 사실 해남도 유배는 사형이나 진배없는 것이어서 살아서 돌아오지 말라는 의미였다. 남은

삶이 얼마 되지 않는 노년에 이토록 혹독한 고통을 겪었으
니 얼마나 절망스러웠을까? 혜주에서 남은 생을 보내려고
준비했는데 그마저도 허락되지 않는 운명이 얼마나 서글펐
을까?

그러나 그 어떠한 고통도 동파를 무너뜨리지 못했다.
그는 어떤 고통이나 불행에도 다 동의했으므로. 그 결과 고
통이 크면 클수록 그것을 반전시키는 특유의 위트와 유머
는 더욱 빛나게 되었다.

내가 막 해남도에 도착했을 때, 사방을 둘러보니 하늘과
바다가 끝이 없었다. 슬프고 마음이 상하여 "언제 이 섬을
나갈 수 있을까?"라는 생각이 들었다. 잠시 후에 다시 생
각해보니 천지는 물 가운데에 있고 구주는 큰 바다 가운
데 있으며, 중국은 작은 바다 가운데 있으니 생명이 있는
것 중에 어느 누가 섬에 있지 않은가?
대야의 물을 땅에 쏟으면 지푸라기가 물에 뜨는데 그 지
푸라기에 붙은 개미는 어디로 건너가야 할지 망연해진다.
잠시 후에 물이 마르자 개미가 곧장 그곳을 떠나 자기 동
료를 만나서는 눈물을 흘리면서 "내가 다시는 자네를 보
지 못할 뻔했지 뭔가?" 한다. 그 잠깐 사이에 사통팔달의

대로가 생길 줄 어찌 알았겠는가? 이렇게 생각하니 우습
구나.

(「그저 적어본 글」)

바다 건너 외딴섬에 유배된 자의 심정은 다 마찬가지
일 것이다. 언제쯤 여기를 떠나 다시 육지로 돌아갈 수 있을
까? 그러나 우리가 육지라고 부르는 그곳 역시 지구적 관점
으로 보면 바다로 둘러싸인 섬이다. 그렇게 보면 모든 생명
은 다 섬에서 살고 있으므로 지금의 처지가 특별히 슬플 것
도 없어진다.

앞으로 어떻게 될지 한 치 앞도 모르는 인간이면서 다
시는 이 섬에서 못 나갈 것이라 '믿은' 자신의 우매함을 자
칫 죽을 뻔했다고 '믿은' 개미에 비유하여 자조한 동파의 유
머는 의미심장하다. 저 개미처럼 금방 물이 말라 사통팔달
의 대로 앞에 서게 될지 어떻게 알겠는가? 그럴 가능성도
있는데 왜 굳이 극단적으로 나쁜 상상을 하며 고통스러워
하는가?

"나의 삶에는 많은 문제가 있었다. 그중 일부만 현실
이었다"라고 했던 작가 마크 트웨인의 말처럼 우리가 걱정
하는 일의 약 92퍼센트는 실제로 발생하지 않는다고 한다.

대부분의 걱정은 미래를 두려워하며 늘 최악의 상황으로 치달리는 습관적인 상상이 만든 것이지, 실재하는 사실이 아니다.

'나는 지금 대륙을 떠나 섬에 있다'는 생각은 실제에 근거한 사실이 아니라 기존의 관념 체계가 낳은 상상에 불과하다. 모든 대륙은 다 섬이기 때문이다. 이처럼 사태를 조망하는 시점을 달리하면 사물이나 사태가 지닌 다양한 면모를 볼 수 있다. 그것이 보일 때 쓸데없는 걱정은 사라지고 고통이 주는 압력은 줄어든다.

고통을 바라보는 시각을 바꾸면 곤궁하든 영달하든 그에 상관없이 인생을 즐길 수 있다. **영달하면 즐거워하고, 곤궁하면 슬퍼하는 것은 자신의 행복과 불행을 외부의 조건이나 상황에 매달아놓는 것이다. 세속적 가치에 매몰되어 눈앞의 현상에 구속되면, 삶의 본질에 대한 통찰력을 갖추기 어려워지고 결국 본말이 전도된 삶에 허덕이게 될 뿐이다.**

옛날에 '뜻을 얻었다得志'라고 하는 말은 높은 벼슬을 한다는 뜻이 아니었다. 아무것도 그의 즐거움을 더할 것이 없다는 말이었다.

지금 '뜻을 얻었다'라고 말하는 것은 높은 벼슬에 오름을 일컫는다. 높은 벼슬이 내 몸에 있는 것은 본래의 성명性命이 아니다. 사물이 우연히 나에게 찾아와 잠시 머무는 것이다. 잠시 머무는 것이란 오는 것을 막을 수 없고, 가는 것을 잡을 수 없다. 그러므로 벼슬이 높다고 해서 멋대로 하지도 않고, 곤궁해졌다고 해서 세속을 좇지도 않는다.

즐거움은 벼슬을 하든 곤궁하든 똑같다. 그러니 근심이 없을 수밖에. 그런데 요즘 사람들은 머물던 것이 떠나가면 즐거워하지 않는다. 이런 관점에서 보면 비록 그들이 벼슬자리에 있어서 즐겁다고 하더라도 마음이 불안하여 황폐하다.

그러므로 사물로 인해 자기를 잃고 세속에 의해 본성을 잃은 자를 본말이 도치된 사람이라고 한다.

(『장자』「선성」)

동파는 이러한 삶의 본질을 정확히 꿰뚫고, 오는 것을 막지도 않았으며 가는 것을 붙잡지도 않았다. 그에게 닥치는 어떤 고통에도 다 동의하면서 스스로에 대해 웃을 줄 알았다.

임어당은 "철학의 가치는 사람으로 하여금 자기 스스로에 대해 웃게 만드는 데에 있다"고 했다. 사회학자 피터

버거는 유머를 "세상과의 관계에서 자신을 중심에 세우는 대신, 미소 지으며 한 번쯤은 바깥에서 자신을 바라봄을 의미하는 것"이라 정의하며, 이를 '자기 초월'의 중요한 특징으로 파악했다.

우리는 동파의 글에서 유머를 통한 자기 초월을 도처에서 목격했다. 동파의 글을 보면 그가 낙천적인 사람이며 천재적인 유머 감각을 갖고 있음을 쉽게 알 수 있다. 그의 재기 발랄한 유머는 작가 버나드 쇼에 버금가라면 서러울 정도다. 특히 그가 험난한 고비에 맞닥뜨렸을 때마다 자신에게 던진 유머는 삶을 바라보는 우리의 안목을 바꾸어놓는다.

캄캄한 하늘에서도 유유히 빛나는 별처럼, 고통 속에서 더욱 빛나는 그의 유머는 우리 앞에 닥친 고통을 이해하는 전혀 다른 차원의 지평을 열어 보여준다. 그것은 동파가 고통에 동의함으로써 자재자득自在自得함을 얻을 수 있게 한 중요한 힘이었다.

세상을 떠나기 두 달 전, 1101년 5월에 동파는 지금의 장쑤성 진강에 있는 금산사에 들렀다. 그곳에는 북송의 위대한 화가 이공린이 그린 동파의 초상화가 있었다. 동파는 그 초상화에 자신의 일생을 개괄하는 한 편의 시를 썼다.

마치 묘지명을 쓰듯이.

마음은 이미 재가 된 나무

몸은 매어놓지 않은 배

네 평생 공적이 무엇이냐

황주, 혜주, 담주더라

「금산사 초상화에 적다」

재가 된 나무와 같은 마음이란 『장자』의 「제물론」에 나오는 말로 스스로를 잊어버린 상태, 즉 만물과 하나가 된 경지를 말한다. 다시 말해 그것은 어떤 욕망도 일지 않고, 어떤 것에도 집착하지 않는 절대 자유의 경지에 이른 마음이다. 매어놓지 않은 배는 물결과 바람을 따라 어디든지 흘러간다. 이렇게 몸과 마음이 모두 자유로운 지금, 자신의 삶을 뒤돌아보며 평생 이룬 것 중에서 가장 중요한 업적이 무엇인지 생각해본다.

놀랍게도 그는 살아생전에 이룩했던 정치적인 영달도, 학문적 성과도, 문학예술 방면의 성취도 아닌 물질적·정신적으로 가장 힘들었던 세 차례의 귀양살이를 최고의 업적으로 꼽았다. 그 세 차례의 고난이 가져온 절망과 쓰라림에 오롯이 동의함으로써 빚어진 그의 품격은 지금까지도 우리에게 기억되어 보석처럼 빛난다.

결국 동파의 삶이 보여주는 위대함은 그의 행위가 낳은 공적이 아니라 그가 이 세상에서 존재한 방식에 의해 도달할 수 있는 것이다. 이지가 동파의 문장보다 동파의 인품을 그토록 강조하고 숭배했던 이유도 이러한 맥락에서 이해할 수 있다.

나는 개인적으로 그리스 크레타 출신의 세계적인 작가 니코스 카잔차키스의 묘지명을 좋아한다. "나는 아무것도 원하지 않는다. 나는 아무것도 두렵지 않다. 나는 자유롭다." 인간을 움직이는 가장 큰 두 힘인 욕망과 두려움, 인간의 조건이자 인간의 굴레이기도 한 이 두 가지를 초월하여 영혼의 대자유에 이른 카잔차키스의 정신적 경지가 부럽기 때문이다.

동파 역시 그를 담금질한 세 차례의 극심한 고통의 경험을 승화시켜 이러한 경지에 이르렀다. 이처럼 두 작가가 이른 정신적 경지는 세속에 매몰되어 아등바등 살아가는 우리에게 인간의 존엄을 일깨워주고, 눈앞에 펼쳐지는 세속적 삶이 아닌 다른 차원의 삶이 있다는 가능성을 보여준다.

유머와 혜안이 넘치는 동파의 글은 삶의 구비마다 맞

닥뜨리는 고통을 동의의 차원이라는 새로운 지평에서 바라볼 수 있게 돕는다. 그 결과 고통의 이면에는 언제나 긍정적인 의도가 있음을, 또 자신의 고통에 던지는 지혜로운 유머가 얼마나 삶을 풍요롭고 빛나게 만드는지 깨닫게 한다.

『장자』에서 물고기 곤이 붕새가 되어 날아올라 삶의 터전이던 바다를 미적 향유의 대상으로 바라보는 것처럼, 동파의 삶은 그 자체로 우리의 관점과 인식의 지평을 새로운 차원으로 열어준다. 그리하여 주저앉은 우리에게 다시 한번 추스르고 일어나 앞으로 걸어갈 용기와 힘을 건네준다.

네 번째 숲

죽음을 직시할 때
삶은 비로소 시작된다
- 사기

모두가 나를 짓밟아도
나는 기록할 것이기에

우리는 착한 일을 하면 복을 받고 나쁜 일을 하면 벌을 받는다는 '믿음'을 가지고 있다. 그 믿음의 기원이 어디인지 알 수 없지만 아버지의 아버지로 소급하는 아주 먼 과거로부터 대물림되어왔음은 분명해 보인다. 그러나 불행하게도 하늘 아래 펼쳐지는 모든 인간사를 두루 살펴보면 이런 믿음은 번번이 배신당하기 일쑤이다. 우리가 경험하는 세상은 반드시 그렇게 돌아가지 않는다. 그것이 현실이다.

태양이 악한 사람에게나 선한 사람에게나 똑같이 떠오르고, 비가 의로운 사람에게나 불의한 사람에게나 똑같이 내리듯 불행과 재난 역시 누구에게나 닥친다. 착한 사람이든 나쁜 사람이든, 어리석은 사람이든 지혜로운 사람이든 상관없이, 예고 없이 덮치는 불행과 재난은 그 누구도 피할 수 없다. 그래서 『성경』의 「전도서」에서는 "모두가 다 같은 운명을 타고났다는 것, 이것이 바로 세상에서 벌어지는 모든 잘못된 일 가운데 하나다"라고 탄식했다.

그러나 어쩌겠는가, 그것이 인간의 운명인 것을. 누구에게나 닥치는 불행과 재난은 늘 예기치 못한 곳에서 불현듯 다가온다. 납득할 수 없는 불행과 마주했을 때 어떻게 해야 할까? 그리고 만일 그 불행이 '죽음'을 요구한다면 어떤 선택을 할 수 있을까? 어떻게 해야 가혹한 운명의 수레바퀴 아래에서도 인간의 존엄성을 잃지 않고 살 수 있을까?

일찍이 억울한 죽음 앞에서 항상 착한 사람과 함께하는 공평무사한 "하늘의 도라는 것이 과연 있는가?"라는 질문을 품고 하늘과 인간의 관계를 탐구했던 사마천司馬遷(B.C. 145?~B.C. 90?)의 삶을 통해 그 길을 찾아보자.

『사기』의 저자 사마천은 한무제 시기 태사령을 지낸 사마담의 아들로 태어났다. 한나라 때 태사령은 역사 편찬과 천문, 역법을 담당하는 관직이었다. 사마천은 아버지가 돌아가신 뒤 가업을 이어 태사령이 되었다. 달력을 새로 편제하는 일을 하면서 아버지가 못다 이룬 사서 편찬 작업도 이어서 진행했다.

그러던 중 기원전 99년, 그의 삶을 완전히 바꿔놓은 예기치 못한 사건이 일어났다. 황제의 총애를 받던 이부인의 오빠인 이광리 장군이 삼만 기병을 이끌고 흉노를 정벌하러 갔다가 실패했다. 그때 이릉 장군도 보병 사수 오천 명을 이끌고 흉노 부대의 전력을 분산시킬 목적으로 함께 출전했다가 적진 깊숙이 들어가게 되었다. 흉노와 사투를 벌였지만 중과부적衆寡不敵에다 구원병도 오지 않아 어쩔 수 없이 적에게 항복하고 말았다.

이 소식을 들은 무제는 대로했다. 이렇게 되자 많은 신하들이 이릉 장군을 비방하며 무제의 비위를 맞추었다. 사마천은 그러한 대신들의 태도가 공정하지 못하다고 여겼다. 그때의 상황을 사마천은 「임안에게 보내는 답장」에서 자세히 설명했다.

무릇 신하 된 자가 만 번의 죽음도 돌보지 않는 일생의 계략을 내어 어려움에 처한 조정을 구하려 한 것은 훌륭한 일입니다. 그런데도 지금, 일을 하다가 하나가 부당하다고 해서 자기 몸과 제 처자식만 보전하기에 급급할 뿐인 신하들이 경쟁적으로 그 잘못을 지적해 눈덩이처럼 부풀려

모해하니 저는 참으로 마음속 깊이 통분했습니다.

이릉은 오천 명도 채 되지 않는 보병을 거느리고 적진 깊숙이 흉노의 왕궁까지 들어가 흉노의 억만 군사와 열흘도 넘게 싸웠습니다. 죽인 자가 반이 넘었습니다. 흉노의 우두머리들이 모두 두려워 떨며 모든 족장과 궁수들을 수집했습니다. 온 나라가 함께 이릉의 군대를 공격해 포위했습니다. 아군은 천 리 길을 옮겨 다니며 싸우다 화살이 다 떨어지고 막다른 길에 이르렀지만, 구원병은 이르지 않고 사상자는 쌓여갔습니다.

그러나 이릉이 한 번 외쳐 군사들을 위로하자 분기하여 감격해 눈물을 흘리지 않는 군사가 없었습니다. 피로 얼굴을 씻고 울음을 삼키며 다시 맨주먹을 불끈 쥐고 목숨을 걸고 적과 싸웠던 것입니다. 이릉이 아직 적에게 함락되지 않았을 때, 군관이 조정에 보고하자 한나라의 공경과 왕후들은 모두 축배를 들며 황제를 축수했습니다.

그러나 며칠 뒤 이릉이 패배했다는 소식을 듣자, 황제는 식사를 해도 맛을 잊으시고 조회에 참석해도 기뻐하지 않으셨습니다. 대신들도 걱정과 두려움에 어찌할 바를 알지 못했습니다. 저는 자신이 비천하다는 것도 잊고 천자께서 몹시 슬퍼하시는 것을 뵙자 저의 자그마한 충성이나마 다하려 했습니다.

이릉은 평소에 장졸들과 동고동락하여 그들이 사력을 다할 수 있게 했으니, 아무리 옛날의 명장이라 할지라도 그보다 더 잘할 수는 없었을 것입니다. 몸은 비록 패했으나 그의 뜻을 살펴보면 기회를 얻어 한나라에 보답하고자 했음을 알 수 있습니다. 일은 이미 어찌할 수 없이 되었지만 그가 적을 무찌른 공로는 천하에 드러내기에 부족함이 없습니다.

저는 이러한 생각을 아뢰어 주상의 뜻을 넓혀 드리고 다른 신하들의 비방을 막아보려 했습니다. 그러나 천자께서 제 말을 이해하지 않으시고, 제가 이광리 장군을 비방하고 이릉을 위해 유세한다고 여기셔서 황제를 속였다는 죄로 유죄 판결을 받아 옥에 갇혔습니다.

저는 집이 가난해 속전贖錢을 낼 수 없었을 뿐만 아니라, 친구들 중 아무도 도와주지 않았고, 친척들도 한마디 변호조차 해주지 않았습니다. 제 마음은 목석이 아니건만 홀로 옥중에 깊이 갇힌 채 하소연할 사람 하나 없었습니다.

모든 신하들이 이릉의 잘못을 논할 때, 사마천은 그것이 공정한 관점에서 내린 올바른 판단이라 생각하지 않았다. 사람들이 그의 과실만 크게 부각시키고 그가 세운 공로는 폄하했기 때문이다. 사마천은 모두가 '예'라고 할 때 자기의 소신대로 '아니오'라고 했다가 누명을 쓰고 하옥된 것이다.

더더구나 그와 이릉은 평소 사적으로 친밀하게 지내던 사이도 아니었다. 그저 역사를 기록하는 사관의 객관적이고 공정한 관점에서 사태를 제대로 파악할 수 있는 또 다른 관점을 제시하고자 했을 뿐이었다. 그러나 그의 의견은 이릉을 변호하고, 이광리 장군을 비방하는 말로 치부되어 황제의 노여움만 샀다.

사형을 선고받고 옥에 갇힌 사마천은 일이 어떻게 이렇게 되었는지 도저히 납득할 수 없었다. 세상은 그의 선한 의도를 철저히 묵살했을 뿐만 아니라, 그것을 곡해해서 죽음에까지 이르게 했다. 얼마나 억울한 일인가? 설사 친구와 친척 가운데 누군가가 그의 의도를 알았다고 한들, 황제의 서슬 퍼런 권세에 눌려 아무 말도 할 수 없었을 것이다. 그는 죽음 앞에서 처절한 고립감까지 맛보아야 했다.

그가 겪은 이 일련의 사건은 합리적으로 이해할 수도, 이해되지도 않는 일이었다. 무엇이 잘못되었을까? 스스로에게 천만번도 더 물어보고 오만가지 생각을 다 해 봐도 정

속박된 영광보다 자유로운 무명을,
벼슬의 무게보다 진흙 속의 자유를.

확한 답을 알 수 없는 노릇이었다. 납득할 수 없는 사건에 휘말린 사람의 가슴에는 억울함과 울분이 쌓인다. 그리고 마침내 아무리 발버둥 쳐도 자신의 힘으로는 어떻게 해볼 수 없다는 사실을 실감할 때 밀려드는 무력감과 절망의 맨 밑바닥을 경험한다.

죽느냐, 사느냐, 그것이 문제였다. 세상으로부터 추방 당한 자만이 느낄 수 있는 절망감과 무력감으로 가득한 어둠 속에서 그를 기다리는 선택의 기로가 있었다. 당시 형법 에 따르면, 사형을 받은 자는 거금의 속전을 내거나 궁형으 로 대속할 수 있었다. 사마천은 본래 부유한 집안 출신도 아 니었고 관직도 미천해서 그런 큰돈을 낼 수 있는 형편이 아 니었다. 게다가 아무도 그를 도울 수 없었다. 임금의 심기를 건드려 사형당할 위기에 처한 그를 도와주는 것은 볏짐을 지고 불 속으로 달려가는 형세와 같았다.

그에게는 '죽거나 궁형을 받고 살거나' 양자택일만 남 아 있었다. 사마천은 삶과 죽음에 대해 깊이 숙고했다. 코앞 에 닥친 죽음을 마주한 채 고립무원의 절대 고독 속에서.

저의 선친께서는 공신이 될 만한 업적을 세우지도 못했고, 역사 기록, 천문, 역법과 같은 일만 담당했습니다. 이러한 일은 점쟁이나 무당에 가까워, 임금의 즐거움을 위해 기르는 가수나 배우처럼 멸시를 받았습니다. 제가 가령 법의 심판을 받아 처형된다 해도 세상 사람들은 아홉 마리 소의 터럭 가운데 하나가 없어진 것처럼 하찮게 여길 것이니, 땅강아지나 개미와 다를 바가 무엇입니까?

또 세상 사람들은 나의 죽음을 고상한 절개로 인한 것이라 여기지 않고, 다만 지혜가 궁하고 죄가 지극히 중하여 스스로 모면할 수 없게 되어 죽음에 이르렀을 뿐이라고 여길 것입니다. 왜 그렇겠습니까? 평소에 이루어놓은 바가 그렇게 여기도록 만들었기 때문입니다.

사람은 어차피 한 번은 죽게 마련인데 혹은 그 중함이 태산보다 무겁고 혹은 그 가벼움이 기러기 털보다 가볍습니다. 그 죽음이 지향하는 바가 서로 다르기 때문입니다. (…)

사람이 겪는 가장 큰 수치가 궁형이며, 가장 극형입니다. (…) 어찌하여 몸이 묶여 감옥에 갇히는 치욕을 당하기에 이르렀을까요? 이런 치욕을 당하면 저 천한 노비들조차도 능히 자결하는데 하물며 저와 같은 사람이 자결할 수 없었겠습니까?

그런데도 궁형이라는 극한 치욕을 참고, 구차하게 목숨을 부지해 분토 속에 숨어 살기를 사양하지 않은 것은, 제 마음속에 있는 것을 다 드러내지 못한 채 비루하게 죽어버리면 후세에 문채文彩가 드러나지 않을 것이 한스러웠기 때문입니다.

예로부터 부귀하나 그 이름이 사라진 인물은 이루 다 기록할 수 없을 만큼 많았지만, 오로지 빼어나고 비범한 사람들은 칭송을 받았습니다.

「임안에게 보내는 답장」

깊은 숙고 끝에 사마천은 비루한 죽음보다는 더러운 치욕 속에서 살아가기로 결정했다. 물론 궁형을 선택한다고 해서 반드시 살아남는 것도 아니었다. 마흔일곱의 나이에 궁형을 받는다는 것은 또 다른 생사의 갈림길에 놓이는 것이기도 했다. 그 나이에 궁형을 받고 살아남을 확률은 그리 높지 않았기 때문이다. 그러나 누구보다 군센 의지을 가진 사마천은 살아남았다.

그 당시 사형을 대속하는 궁형은 지금 우리가 생각하는 육체적 형벌과 차원이 달랐다. 사형은 육신의 죽음과 더불어 한 생명이 그가 존재했던 시공간에서 사라져버리는 것이지만, 사형을 대속하는 궁형은 육신의 거세에 그치는 것이 아니라 선비로서의 사회적 삶까지 거세되는 것이었다. 사람의 무리에 섞여 살지만 사람 축에 끼지 못하는 삶, 그것은 세상 끝으로 추방당하는 것과 같은 고통이었다.

세인의 손가락질과 함께 "차라리 죽지, 그까짓 목숨 부지하겠다고 사내가 그런 꼴로 구차하게 사나?"라는 멸시에 찬 비난이 귀에 쟁쟁했을 것이다. 각오는 했지만 참고 견디는 일은 생각보다 쉽지 않았다.

> 제가 말을 삼가지 못하여 이러한 화를 입은 데다가, 마을 사람들의 조소거리가 되어 조상을 욕되게 하였으니 무슨 면목으로 부모님의 산소를 다시 찾아갈 수 있겠습니까? 비록 백대의 세월이 흐른다 해도 허물은 더욱 심해질 뿐입니다. 이 때문에 하루에도 수없이 애간장이 타고, 집에 있으면 무언가를 잃어버린 듯 망연자실하고, 문을 나서면 어디로 가야 할지 모르겠습니다. 매번 이러한 치욕을 생각할 때마다 등줄기에 식은땀이 나서 옷을 적시지 않은 적이 없습니다.
>
> (「임안에게 보내는 답장」)

그럼에도 불구하고 그에게는 반드시 살아야 할 이유

가 있었다. 비루한 죽음보다는 비범한 삶을 선택했다. 비록 세상 사람들의 멸시와 모욕의 손가락질이 죽을 때까지 계속되는 고통이 그림자처럼 따라붙는 삶이었지만, 그런 고통까지도 다 참을 수 있을 만큼 소중한 것이었다.

살고자 하면 흐려지고,
죽고자 하면 선명해진다

그가 선택한 비범한 삶이란 세속적인 성공이나 부귀영화를 말하는 것이 아니다. 오히려 운명의 수레바퀴 아래에서도 인간이 어떻게 존엄하고 의연하게 살아갈 수 있는가 하는 문제와 관련되어 있다. 납득할 수 없는 자신의 운명앞에서 사마천은 인간의 삶과 죽음을 숙고했으며, 하늘과 인간의 관계에 대해 깊이 캐물었다.

공자는 백이와 숙제에 대해 이렇게 말했다. "과거의 원한을 기억하지 않았으므로 남을 원망하는 일이 거의 없었다." "인仁을 구해 인仁을 얻었는데 무슨 원망이 있겠는가?" 그러나 나는 백이의 심경이 비통했을 것이며, 그들이 남긴 시를 보고는 공자의 말과 다를지도 모른다고 생각했다.

저 서산에 올라 고사리를 캐네
폭력으로 폭력을 바꾸었건만
그 잘못을 모르는구나
신농, 순임금, 우임금의 시대는
홀연히 지나가버렸으니
우리는 장차 어디로 돌아가야 하나
아아 이제는 죽음뿐이로구나
우리의 운명이 다했으니

이 노래로 미루어보면 원망한 것인가? 원망하지 않은 것인가? 혹자는 "하늘의 도天道는 공평무사해서 항상 착한 사람과 함께한다"라고 한다. 그런데 백이와 숙제는 굶어 죽었고, 안회는 가난하게 살다가 젊은 나이에 요절했다. 하늘이 착한 사람에게 복을 내려준다면 어찌 이런 일이 있을 수 있을까? 도척은 포악무도하며 큰 무리를 이루어 천하에 횡행했지만 천수를 누리고 죽었다. 이것은 도대체 그의 어떠한 덕으로 인한 것인가? 나는 몹시 의심스럽다. 천도라는 것이 과연 있는 것인가, 없는 것인가?

예기치 못한 죽음 앞에서 사마천은 '하늘의 도'라는 것이 과연 있는지 의심했다. 윗글에서 "원망한 것인가? 원망하지 않은 것인가?"와 같은 화법은 앞에 제시한 자신의 주장을 강조하는 수사법으로 쓰였다. 몰라서 물어보는 것이 아니라 자기 나름의 확신을 가지고 있는 의문문이다. 백이와 숙제가 사실은 원망했을 거라는 말을 이런 식으로 한 것이다. "천도라는 것이 과연 있는 것인가, 없는 것인가?"라는 문장도 마찬가지다. 세상 사람들이 권선징악의 근거로 삼는 그런 천도는 사실은 없다는 점을 강조하고 있는 것이다.

사마천은 하늘은 착한 일을 하면 상을 주고, 악한 일을 하면 벌을 내린다고 믿고 살았는데 살아 보니 그렇지 않더라는 사실을 뼈저리게 경험했다. 자신의 삶만 유별나서 그랬던 것이 아니라, 역사 속 수많은 사람들의 삶도 그러했음을 보게 되었다. 그래서 감히 백이숙제에 대한 공자의 평가에 의문을 제기했던 것이다.

천도의 존재 여부에 대한 의심은 사마천에게서만 보이는 것은 아니다. 그보다 약 이백 년이나 앞선 시기에 예루살렘의 코헬렛도 같은 말을 했다.

이 세상에서 헛된 일이 벌어지고 있다. 악한 사람이 받아야 할 벌을 의인이 받는가 하면, 의인이 받아야 할 보상을 악인이 받는다. 이것을 보고 나 어찌 헛되다고 말하지 않을 수 있겠는가?

(「전도서」 8:14)

세상의 온갖 지식과 지혜를 다 쌓아 그보다 더 많은 경험을 한 사람은 없다고 자신했던 코헬렛은 길고 긴 탄식을 했다. "헛되고 헛되다. 모든 것이 헛되다. 사람이 세상에서 아무리 수고한들 무슨 보람이 있는가?" 모든 것이 헛되다는 탄식 속에서 가장 지혜로웠던 그가 깨달은 바는 아래와 같다.

하느님이 하시는 모든 일을 두고서 나는 깨달은 바가 있다. 그것은 아무도 이 세상에서 이루어지는 일을 이해할 수 없다는 것이다. 그 뜻을 찾아보려고 아무리 애를 써도 사람은 그 뜻을 찾지 못한다. 혹 지혜 있는 사람이 안다고 주장할지도 모르지만 그 사람도 정말 그 뜻을 알 수는 없는 것이다.

(「전도서」 8:17)

결국 인간은 짜낼 수 있는 모든 지혜를 다 동원해도 살아가는 동안 겪는 일을 결코 다 이해할 수 없다는 것이다. 사마천이 의심할 수밖에 없었던 천도라는 것도 결국 인간의 이성으로 설명할 수 있는 차원에 있지 않았다. 그렇다면 인간은 납득할 수 없는 운명과 맞닥뜨렸을 때, 어떤 선택을 할 수 있을까?

이 문제는 '어떻게 살 것인가?'라는 인문학적 물음과 맞닿아 있다. 착한 사람과 늘 함께한다는 공평무사한 '천도'라는 것이 없다면 우리는 어떻게 살 것인가? 어떤 수고로도 보람을 얻지 못할 수 있는, 모든 것이 헛되고 헛된 이승의 삶을 허무주의와 염세주의로 무장한 채 시니컬하게 살 것인가? 만약 그럴 거라면 사마천은 죽음을 선택했을 것이다. 염세주의와 허무주의의 끝은 자주 죽음과 연결되니까.

그러나 사마천은 죽음이 지향하는 바가 다를 수 있다는 사실을 꿰뚫어 보았다. 태산보다 무거운 죽음과 깃털처럼 가벼운 죽음 사이의 거리는 머나멀다. 사마천은 아무런 예고도 없이 자신에게 닥친 죽음 앞에서 '어떻게 죽을 것인가?'를 숙고했다.

자신의 죽음이 사형선고라는 모습으로 다가왔을 때 그가 선택할 수 있는 것은 두 가지였다. 하나는 죄인으로서 사형이라는 형벌을 받는 것, 다른 하나는 선비로서 스스로 자결하는 것. 그는 이 두 가지 형식의 죽음이 가진 의미에 대해 생각했다.

　사형 집행으로 죽을 경우 자신의 죽음은 구우일모九牛一毛처럼 하찮은 것으로 이해될 것이다. 그동안 그가 이루어 놓은 것이 그러했기 때문이다. 명망 있는 집안의 후손이라는 영예도 없고, 뛰어난 재주를 발휘해 입신양명하지도 못한 상태였다.

　그렇다면 선비로서 마지막 남은 자존심을 걸고 자결을 선택한다면 어떨까? 자신의 억울함과 떳떳함을 세상에 드러낼 수 있을까? 그렇지 않을 것이다. 그저 죄가 무겁고, 벗어날 재주가 없어서 어쩔 수 없이 내린 선택으로 치부되고 말 것이다. 그러면 이 역시 하찮은 죽음에 지나지 않게 된다. 그 당시 그의 앞에 닥친 죽음은 둘 중 무엇을 선택하든 간에 기러기 깃털처럼 가벼운 죽음에 지나지 않는 것이었다.

　사마천은 '참을 수 없는 죽음의 가벼움' 앞에서 자신과 비슷한 처지에 놓였지만, 깃털처럼 가벼운 죽음을 태산보다 무거운 죽음으로 바꾼 '오자서'와 '계포'를 생각했다. 이 두 사람은 모두 초나라 출신으로 비범한 삶을 살다간 인물이다. 『사기열전』에 실린 그들의 이야기를 들어보자.

길이 보이지 않아도
오직 가는 자만이 길을 만든다

오자서는 초나라 사람이며 이름은 운이다. 아버지 오
사는 초평왕 때 태자태부가 되어 태자 건을 모시고 있었다.
태자가 역모한다는 소문이 돌자 평왕은 태자태부를 불러
사실을 캐물었다. 오사는 태자를 모함하려는 농간임을 알고
왕에게 간언했으나 왕은 오히려 그를 옥에 가두었다.

오자서의 집안은 선조 때부터 직간하는 것으로 명성
이 높았다. 그래서 간신배는 오사의 두 아들까지 죽여야 후
환이 없을 것이라고 왕을 부추겼다. 평왕은 아버지 오사를
인질로 삼아 두 아들을 소환했다. 두 아들이 오면 삼부자를
다 살려주겠다고 했으나 그 누구도 그럴 리가 없음을 잘 알
고 있었다. 그러나 형 오상은 아버지에게 가려고 했다. 오자
서는 이를 말렸다.

"초나라에서 우리 형제를 부르는 것은 아버지를 살려
주기 위해서가 아니라, 우리가 도망치면 나중에 후환이 생

길까 두렵기 때문입니다. 우리가 도착하면 부자가 모두 죽을 텐데 그것이 아버지의 죽음에 무슨 보탬이 되겠습니까? 지금 가면 복수조차도 할 수 없게 됩니다. 차라리 다른 나라로 도망가 아버지의 원수를 갚는 것이 낫습니다. 다 같이 죽는 것은 아무런 의미가 없습니다."

"우리가 간다고 해서 아버지의 목숨을 구할 수 없다는 것은 나도 알고 있다. 그러나 아버지가 목숨을 구하기 위해 나를 부르셨는 데도 가지 않고, 나중에 원수도 못 갚으면 결국 사람들의 웃음거리가 되겠지. 나는 그것이 싫구나. 너는 달아나거라. 너라면 아버지의 원수를 갚을 수 있을 것이다. 나는 아버지에게 가서 함께 죽겠다."

결국 혼자서 달아난 오자서는 송나라로 망명한 태자 건을 찾아가, 이 나라 저 나라로 떠돌며 함께 망명 생활을 했다. 태자 건이 역모 죄로 죽자 그를 모시고 있던 오자서는 쫓기는 몸이 되어 오나라로 달아났다. 추격하는 자들에 의해 죽을 고비를 몇 번이나 넘기고, 병에 걸려 걸식을 하며 겨우겨우 오나라에 이르렀다. 오나라에서 기회를 보던 오자서는 합려가 쿠데타로 왕위를 차지하는 데 공을 세웠다.

오왕 합려를 도와 국사를 논하면서 때를 기다리던 오자서는 마침내 오나라의 명장 손무와 함께 초나라를 공격했다. 초평왕의 아들 소왕은 초나라 수도까지 진군한 오나라 군대에 쫓겨 궁궐을 버리고 달아났다. 오자서는 아버지의 원수인 평왕의 무덤을 파헤쳐 그 시신을 꺼내 삼백 번이나 채찍질해 복수했다.

사마천이 오자서를 평하는 글은 격한 감동으로 넘실댄다.

오자서가 만일 그때 아버지를 따라 함께 죽었다면 땅강아지나 개미와 무슨 차이가 있겠는가? 작은 의리를 버리고 크게 치욕을 갚아 이름을 후세에 남긴 그를 생각하니 가슴이 먹먹하다. 오자서가 길거리에서 구걸할 때 그 원수를 한시라도 잊은 적이 있었을까? 모든 고초를 참고 또 참아 천신만고 끝에 공명을 이루었으니, 열혈남아가 아니고서야 어떻게 그럴 수 있었겠는가!

(『사기』「오자서열전」)

계포는 초나라 사람으로 의리가 있고 불의를 참지 못하는 것으로 유명했다. 계포는 본래 항우 휘하의 장수로 공을 많이 세웠고, 여러 차례 유방을 포위해 곤경에 빠뜨렸다. 항우가 죽자 유방은 천금의 현상금을 걸고 계포를 수배했으며, 계포를 숨겨주는 자는 삼족을 멸한다는 엄명을 내렸다.

그때 계포는 지금의 허난성에 있는 복양의 주씨 집에 숨어 있었다. 주씨가 계포에게 말했다. "한나라에서 현상금을 걸고 장군을 찾고 있으니, 머지않아 군졸이 저희 집으로 들이닥칠 것입니다. 장군께서 제 말을 들어주신다면 감히 계책을 말씀드리겠습니다. 만약 제 말을 듣지 않으시려면 스스로 목숨을 끊으십시오."

계포는 주씨의 계책을 따르기로 했다. 주씨는 계포의 머리를 깎고 목에 칼을 채우고 베옷을 입혔다. 일반 병사가 전쟁 포로로 붙잡혀 노비가 된 것처럼 꾸민 것이다. 초나라의 맹장으로서 군대를 호령하던 장군 계포는 과거의 정체성을 모두 묻어버리고, 이름도 없는 노비가 되었다.

주씨는 계포를 화물 수레에 싣고 다른 하인 수십 명과 함께 노나라의 주가에게 팔았다. 주가는 계포를 알아보았다. 그리고 자기 아들에게 "밭일은 이 하인의 말에 따라 하고, 반드시 밥을 그와 같이 먹도록 하라"고 일러두고는 낙양으로 가서 등공 하후영을 만났다. 주가는 하후영의 집에 머물면서 함께 술을 마시다가 기회를 보아서 계포 얘기를 꺼냈다.

"계포가 무슨 큰 죄를 지었기에 폐하께서 이리 급히

수배한답니까?"

"폐하께서 계포 때문에 여러 번 곤경에 처하신 일이
있어서 원한을 품고 계신 때문이겠지요."

"공께서는 계포를 어찌 생각하십니까?"

"능력 있는 사람이지요."

"신하는 마땅히 자신의 군주를 위해 충성을 다하는 것
아닙니까? 계포가 항우를 위해 충성을 다한 것은 신하로서
마땅히 할 일이었을 뿐입니다. 그렇다고 항우의 신하를 모
두 죽여야 할까요? 폐하께서 천하를 얻은 지 얼마 되지도
않았는데, 어찌 사사로운 원한에 얽매여 계포를 수배함으로
써 폐하의 좁은 도량을 천하에 드러내려 하실까요? 게다가
현상금까지 걸었으니, 만일 계포가 흉노나 남월로 도망간다
면 훌륭한 장수를 내쫓아 도리어 적을 이롭게 하는 꼴이 되
는 것이지요. 그러면 오자서가 평왕의 시신에다 채찍질을
했던 것과 같은 일이 생길 것입니다. 공은 어째서 폐하께 이
일을 간언하지 않으십니까?"

하후영은 주가가 계포를 숨겨주고 있음을 눈치챘고
간언할 것을 약속했다. 그리고 기회를 보아서 주가가 말한
대로 유방에게 넌지시 간했다. 유방은 그의 말이 옳다고 여
겨 마침내 계포를 용서하고 낭중에 임명했다. 그리하여 계

포는 한나라의 신하로서 고조와 혜제, 문제를 모시며 그의 능력을 다시 펼쳤다.

사마천은 계포의 전기 맨 끝에서 그의 삶을 이렇게 평가했다.

계포는 항우의 기개로도 덮을 수 없을 만큼 용맹으로 이름을 날렸으니 빼어난 장사라 할 수 있다. 그런데도 노예가 되어 구차하게 살며 자결하지 않았으니 얼마나 비루한가! 그러나 계포는 자신의 실력을 믿었기에 그렇게 모욕을 당하면서도 부끄러워하지 않았다. 아직 다하지 못한 자신의 실력을 남김없이 다 발휘하려 했기 때문이다. 결국 그는 한나라의 명장이 되었다.

현명한 사람은 자신의 죽음을 진실로 중하게 여긴다. 하찮은 인간들이나 비분하여 자살하곤 하는데 그것은 진정한 용기라고 할 수 없다. 진정한 실력이 없기 때문에 계획을 바꿔서 실현할 용기가 없는 것뿐이다.

『사기』「계포난포열전」

계포는 자기 앞에 놓인 두 가지 선택지를 놓고 고민했을 것이다. 초나라의 명장으로 이름을 날렸던 정체성을 버리고 이름 없는 노예로 살 것인가? 아니면 자결함으로써 항우에 대한 절개를 지켜 죽은 신하라는 명예라도 구할 것인가? 후자의 죽음이 갖는 의미는 확실하다. 그러나 구차하게 살아남을 경우, 다시는 기회가 오지 않아 노예로 살다 죽을지도 모른다. 그렇게 된다면 더더욱 불명예스러운 죽음을 맞이할 것이다. 그것은 당시로서는 결코 예측할 수 없는 일이었다.

그럼에도 불구하고 계포는 작은 절개를 지켜서 얻는 조그만 명예에 연연하지 않았다. 그것은 깃털처럼 가벼운 죽음이 될 것이기 때문이다. 계포는 자신의 죽음을 태산보다 더 중하게 여겼으므로, 일생일대의 용기를 내어 아무것도 보장되지 않은 미래로 온몸을 던졌다. 자신의 실력에 대한 믿음 하나만을 가지고 어떻게 전개될지 전혀 알 수 없는 새로운 운명의 길을 선택했던 것이다.

자결 대신 궁형을 선택함으로써 모진 고초를 겪으며 살았던 사마천은 아마도 자기를 손가락질하는 세상 사람들에게 이와 같은 이야기를 하고 싶었을 것이다. 그러나 가슴속에 묻어두고 꺼내지는 못했다. "죄를 지은 자는 처신하기가 어렵고 하류들은 비방의 말을 많이 하기" 때문이었다. 그래서 그는 죽는 날까지 절치부심했다.

사마천은 분명히 알고 있었다. 자기가 죽고 난 뒤에는 자신의 죽음에 대한 시비가 달라질 것임을. 그는 "지금은 비록 아름다운 말로 제 자신을 변명한다 해도, 세상 사람들의 불신을 해소하는 데는 아무런 도움이 되지 않고 치욕을 받기나 할 따름입니다. 제가 죽은 이후에야 무엇이 옳고 그른지 가려질 것입니다"라고 말했다. 그토록 자신의 죽음을 중하게 여긴 것이다. 가벼운 죽음을 거부한 그는 몸은 비록 시궁창처럼 더러운 치욕 속에서 살았지만, 정신적 삶은 너무나 비범했다.

예로부터 부귀했으나 그 이름이 사라진 인물은 이루 다 기록할 수 없을 만큼 많았지만, 오로지 빼어나고 비범한 사람들은 칭송을 받았습니다. 주나라 문왕은 구금된 뒤에 『주역』의 뜻을 밝혔고, 공자는 곤경에 빠졌을 때 『춘추』를 지었습니다. 굴원은 추방되어 「이소」를 지었고, 좌구명은 눈이 먼 후에 『국어』를 편찬했으며, 손빈은 발이 잘린 뒤에 『손자병법』을 논했습니다. (…)
이들은 모두 가슴에 맺힌 바가 있었지만 뜻을 펼칠 수 없었기 때문에 지나간 일을 서술해 후세 사람들이 자신의 뜻을 알아주기를 바랐습니다. 눈이 먼 좌구명과 발이 잘린

손빈처럼 끝끝내 세상에서 쓰일 수 없게 된 사람은 물러나 책을 써서 자신의 울분을 펴고 그것을 세상에 남겨 자신을 드러내고자 했습니다.

저도 감히 문장에 스스로를 기탁하려고 사라진 옛일을 망라해 지금까지 행해진 일을 상고하고, 시작과 결말을 종합해 흥망성쇠의 이치를 탐구하였습니다. 그리하여 위로는 황제부터 지금에 이르기까지「표」열 편,「본기」열두 편,「서」여덟 장,「세가」서른 편,「열전」일흔 편 등 모두 백삼십 편을 지어 하늘과 인간의 관계를 탐구하고 고금의 변화를 꿰뚫어 보아 일가지언一家之言을 이루고자 했습니다.

그러나 초고가 아직 이루어지기도 전에 이런 환난을 당해 이 일을 완수하지 못한 것이 애석했던 까닭에, 극형을 선택하고 살아남은 것을 부끄러워하지 않았습니다. 이 책을 저술해 이름난 산에 숨겨두었다가, 내 뜻을 알아줄 사람에게 전해져서 고을과 큰 도회지에 널리 퍼지면 제가 받은 이 치욕을 다 씻을 수 있을 것입니다. 그렇게 된다면 비록 만 번을 주륙당한다 해도 어찌 후회가 있겠습니까?

「임안에게 보내는 답장」

문왕, 공자, 굴원, 좌구명, 손빈 등은 모두 뜻밖의 역경을 만나 세상에 펼치려던 포부가 꺾이고 말았다. 그러나 그들은 좌절을 딛고 그들이 품었던 뜻을 문장에 기탁했다. 비록 살아생전에 뜻을 이루지는 못했지만 위대한 저작을 남김으로써 비범한 사람으로 칭송받았다.

역사서를 저술하던 사마천도 자신의 뜻을 펼치기를 꿈꾸었다. 그가 품은 인생의 비전은 바로 "하늘과 인간의 관계를 탐구하고 고금의 변화를 꿰뚫어 보아 일가지언을 이루는 것"이었다.

마침내
그는 역사가 되었다

자기 존재를 온전히 표현하는 것, 그것이 사마천에게는 가장 중요한 삶의 가치였다. 그것이 자기가 이 세상에 살다 가는 이유라고 생각했다. 그래서 언젠가 자신의 뜻을 알아줄 사람이 나타나고 자신의 책이 세상에 널리 알려진다면, 구차하게 살아남기를 선택함으로써 겪는 치욕쯤이야 아무것도 아니라고 여겼다. 그렇게 믿었기에 자신의 선택에 일말의 후회도 없었다.

공자는 "길이 같지 않으면 함께 도모하지 않는다"라고 했다. 사람은 제각기 자기 뜻에 따라 행한다는 말이다. 그래서 "부가 구해서 얻을 수 있는 것이라면 채찍 잡는 일일지라도 내 기꺼이 하겠다. 만약 구해도 얻을 수 없는 것이라면 내가 좋아하는 일을 하겠다"라고 했다. (…)

공자는 "군자는 죽은 뒤에 자신의 이름이 일컬어지지 않는 것을 가장 가슴 아파한다"고 했다. 가의는 "탐욕스러운 자는 재물 때문에 목숨을 잃고, 열사는 명분에 목숨을 바치며, 뽐내기를 좋아하는 사람은 권세에 목숨을 걸고, 서민은 자기 목숨 부지에만 매달린다"라고 했다.

백이와 숙제는 현자이지만 공자의 칭찬이 있고 나서 그 이름이 더욱 빛났고, 안회는 공부에 독실했지만 공자의 칭찬이 있고 나서 그 이름이 더욱 드러나게 되었다. 덕행이 높은 많은 사람들의 이름이 묻혀 세상에 알려지지 않는 것은 정말로 슬픈 일이다. 그들의 덕이 비록 높다 하더라도 청운지사靑雲之士를 만나지 못한다면 어떻게 그 이름을 후세에 남길 수 있겠는가?

(『사기』「백이열전」)

『사기』의 「열전」은 「백이열전」에서 시작된다. 「백이열전」의 중점은 백이숙제의 전기를 서술하는 데 있지 않다. 사마천이 그들의 전기를 통해 주요하게 다루는 것은 두 가지 문제이다. 하나는 과연 천도라는 것이 있는가에 대한 질문이고, 다른 하나는 세상에 일어나는 온갖 인간사를 환하게 꿰뚫어 볼 줄 아는 안목 있는 사가史家의 중요성이다.

백이숙제나 안회 같은 사람은 덕행은 높았지만 세상에 이름을 알리지 못했으므로, 공자가 없었더라면 아무에게도 기억되지 않은 채 사라지고 말았을 것이다. 그래서 사마천은『춘추』를 저술한 공자의 뒤를 이어 덕행이 높은 인물을 세상에 전하는 일을 자신의 소명으로 삼았다.

『춘추』에 대한 사마천의 인식을 보면 그가『사기』를 어떤 목적으로 저술했는지 엿볼 수 있다.

춘추는 위로는 삼왕의 도를 밝히고, 아래로는 인간사의 벼리를 밝혔다. 의심스러운 것을 변별하고, 시비를 분명하게 하고, 결정하기 어려운 것을 판결하고, 착한 자는 좋아하고 악한 자는 미워하며, 현자는 현명하게 여기고 어리석은 자는 비천하게 여겼다.

춘추는 옳고 그름을 변별한 것이므로 인사를 처리하는 방면에 뛰어나다.

춘추는 정의義를 말한 것이므로 어지러운 세상을 수습하여 올바른 세상으로 되돌려놓는 데는 춘추보다 더 좋은 책이 없다.

(『사기』「태사공자서」)

사마천은 『춘추』가 인간사에서 일어나는 온갖 일들의 옳고 그름, 선함과 악함, 현명함과 어리석음을 '정의'의 관점에서 해석한 책이며, 그것을 거울삼아 어지러운 세상을 바로잡을 수 있다고 이해했다.

인간이 자신을 성찰하고 좀 더 나은 삶을 지향하기 위해서는 역사라는 거울이 필요하다. 역사라는 거울에 비춰볼 때 우리는 우리가 누구인지, 어떻게 살아야 하는지를 숙고하고, 우리 앞에 닥친 상황에서 무엇이 올바른 선택인지 가늠할 수 있게 된다.

사마천에게 역사 서술이 가지는 의미는 남달랐다. 인간의 삶을 비춰볼 수 있는 독특한 거울을 세상에 남기는 것이었으며, 자기의 고유한 삶을 표현하는 방식이었다. 도무지 알 수 없는 운명의 소용돌이 앞에서 태산보다 무거운 죽음을 선택한 그 순간, 사마천은 비로소 비범한 삶을 살 수 있었다.

그는 『사기』를 통해 그의 뜻대로 일가지언을 이루었다. 기전체紀傳體(역사적 인물의 개인 전기를 이어감으로써 한 시대의 역사를 구성하는 기술 방법)라는 역사 서술 방식은 그 이전에는 없던 새로운 방식이었고 사마천이 발명한 독창적인 것이었다. 사서 편찬의 역사에서 중대하고 획기적인 사건이었으며, 그로 말미암아 이후 역대 왕조의 정사는 모두 기전체로 서술되었다.

게다가 『사기』는 기전체라는 서술 방식에서만 독창적인 것이 아니다. 그의 독특한 사관이 돋보이는 편집 구성 방식도 눈에 띈다. 왕조의 역사를 기록한 『본기』에 「항우본기」와 「여태후본기」를 세운 것이 그러하고, 각 제후국의 역사를 다룬 『세가』에 「공자세가」와 「진섭세가」를 둔 것이 그러하다. 공자는 제후가 된 적은 없었지만 "천하를 위해 법도와 규범을 수립하고 육예六藝의 기강을 후세에 남긴" 공을 인정했기 때문이다.

『열전』은 사마천 식 역사 서술의 진수를 보여주는 불후의 명작이라 일컬어진다. 사마천은 『열전』의 시작인 「백이열전」에서 "하늘의 도라는 것이 과연 있는 것인가?"라는 의문을 던지고는 일흔 권에 달하는 『열전』에서 다양한 인간의 삶을 우리 앞에 펼쳐 보인다. 거기에는 각자의 운명 앞에서 나름대로 고군분투하며 살았던 수많은 인간 군상이 생생하게 드러나 있다. 독자는 그 이야기를 읽는 동안 "어떻게 살 것인가?"와 "어떻게 죽을 것인가?"라는 문제를 끊임없이 환기하게 된다.

물론 그 '어떻게'에 대한 구체적인 답을 알려주지는 않는다. 각 개인의 삶은 각자의 얼굴이 다른 것처럼 고유하고, 개인이 추구하는 가치도 천차만별이므로. 그러나 사마천은 『사기』에서 펼쳐지는 다양한 인간의 삶을 통해 비범한 삶에 대한 그의 통찰을 우리에게 내비친다.

그로 말미암아 우리는 탁월한 삶에 대한 귀감을 얻을 수 있는 아름다운 거울을 가지게 되었다. 사마천이 남긴 그 거울은 지금도 여전히 살아서 우리에게 속삭인다. 비범한 삶이란 세속적인 성공과 영달에서 얻어지는 것이 아니라 그것과는 완전히 다른 차원에 있다고. **비범한 삶이란 자기가 좋아하는 일에 자신만의 고유한 의미를 부여해 자기만의 독특하고 아름다운 꽃을 피우는 것이라고.**

아무리 수고하고 애써도 합당한 보람을 얻을 수 없는 헛되고 헛된 인생, 세상에서 가장 지혜로운 자라도 결코 그 섭리를 완전하게 알 수 없는 세상만사 속에서 어떻게 인간으로서의 존엄을 잃지 않고 탁월한 삶을 살 수 있는가? 사마천의 대답은 바로 이러하다. **"인간의 운명은 내일을 알 수 없다. 그러니 죽음을 기억해라. 너만의 고유한 삶을 살아라. 남의 평가 따위는 아랑곳하지 말아라. 삶의 의미와 가치는 결코 남들의 평판에 달려 있지 않다."**

죽어서야 끝나는 고통의 골짜기를 걸었던 사마천은 그 속에서 스스로를 단련했다. 그 단련된 인격의 정수가 바로 불후의 명작 『사기』이다. 자신의 삶을 다 쏟아부은 불멸의 저작으로 인해 마침내 그는 지금까지도 많은 이의 가슴속에 살아 있는 영원한 삶을 얻었다.

다섯 번째 숲

모든 실패에는 이유가 있다,
그것을 아는 자는 흔들리지 않는다

– 관중

천 명의 벗보다
나를 알아주는 한 사람이 더 귀한 법

실패라는 말은 언제나 두렵다. 그래서 인간은 누구나 살아가는 동안 가능한 한 실패를 경험하지 않기를 바란다. 실패로 인해 겪는 마음의 고통은 이루 다 말할 수 없을 만큼 아프다. 그처럼 자신이 초라하고 쓸모없고 무능해 보이는 때가 없다.

때론 남 탓, 부모 탓, 세상 탓 등 문제를 외부로 돌리기도 하지만, 실패가 가져다주는 쓰라림의 가장 밑바닥에는 결국 자기 자신의 무능함을 마주해야 하는 고통이 똬리를 틀고 있다. 특히 능력만 있으면 뭐든지 할 수 있다고 '믿는' 사회에서는 그 쓰라림이 더 클 수밖에 없다.

그 옛날에는 가난한 사람이란 불운해서 혹은 신이 저버려서 그런 일을 당한 '가련한 사람'으로 여겨졌다. 하지만 현재와 같은 능력지상주의 사회에서는 가난한 사람이나 사회적으로 낮은 계층에 있는 사람을 '실패자'로 취급한다. 개인의 능력과 열정만으로 성공할 수 있다는 믿음 뒤에는, 실패 또한 각자의 무능이 불러온 결과라는 인식이 자리하고 있기 때문이다.

개인의 열정과 노력으로 무엇이든 다 할 수 있다고 믿는 이 시대에는 실패란 무능과 같은 말이고, 실패한 자는 '루저'일 뿐이다. 따라서 실패가 주는 충격은 그 어떤 시대보다 더 가혹해지고 말았다. 사람들이 작은 실패에도 쉽게 좌절하는 이유가 여기에 있다.

그런가 하면 실패에 대한 가혹한 시선에 상처받은 이들을 위한 '힐링'의 요구도 높아져간다. 그러나 이 세상에는 희망고문과 같은 거짓 격려 그리고 스스로 성장할 힘을 주지 못하는 마약 같은 위로가 넘쳐나고 있다. 그렇게 더 많은 사람의 가슴이 멍들어간다.

그렇다고 평생 아무것도 시도하지 않고 살 수는 없지 않은가? 실패의 쓰라림으로 인해 앞으로 나아가는 것이 겁이 날 때, 또 다른 실패가 두려울 때 관중管仲(?~B.C.645)이 들려주는 이야기를 들어보자.

관중은 춘추시대의 한미한 집안 출신으로 재상이 되어 제나라를 중국 세계 질서의 중심에 서게 한 인물이다. 그는 사인이 이를 수 있는 가장 높은 지위에 올라 임금과 같은 부와 권력을 지녔던 성공한 사람의 대명사였다.

재상으로 환공을 보필하며 약 사십여 년간 제나라를 다스린 관중은 부민부국富民富國을 요체로 하는 그의 독특한 정치철학을 바탕으로, 정치·경제·외교·군사 방면에서 탁월한 능력을 발휘했다. 안으로는 제나라를 부국강병하게 만들었고, 밖으로는 환공을 춘추오패의 첫 패자로 세웠다. 주나라 왕실을 높이고 오랑캐를 물리치는 '존왕양이尊王攘夷'와 대가 끊어진 제후국의 후사를 이어주는 '존망계절存亡繼絶'을 명분으로 중원의 질서를 바로잡았다.

"그릇이 작다"라고 하면서 관중의 인품을 그리 높게 평가하지 않았던 공자도 외적으로부터 중원을 지키고 천하의 질서를 바로잡은 업적만은 전적으로 인정해주었다. 시대를 풍미한 인물로 많은 사인의 롤모델이 되었던 관중. 그는 어떻게 해서 그렇게 성공한 인물이 될 수 있었을까?

사마천의 『사기』 「관안열전」을 보면 관중이 지금의 허난성 동부이자 안후이성 서북부 지역인 영수 유역 출신이라고만 기록되어 있을 뿐, 그의 가계에 대한 언급이 전혀 없다. 전기의 첫머리에서는 간략하게나마 출신 가문에 대해 소개하는 것이 일반적인데, 관중의 전기에는 단 한 마디도 언급되지 않았다. 이로 미루어 보건대 관중이 얼마나 한미한 출신인지 짐작할 수 있다. 그리고 세상 사람들은 그가 성공한 이후의 삶을 부러워했지, 그 이전의 삶에 대해서는 잘 몰랐다. 사마천은 잘 알려지지 않은 관중의 과거로부터 이야기를 시작한다.

관중은 젊은 시절에 항상 포숙아와 어울려 지냈는데, 포숙은 그의 재주와 덕을 잘 알아주었다. 가난한 관중은 언제나 포숙을 속였지만 포숙은 늘 그를 잘 대해주었으며, 그런 일로 이러니 저러니 따지지 않았다. 포숙이 관중을 천거하니 관중은 제나라의 국정을 맡게 되었다. 제환공은 천하의 패자가 되어 제후들과 여러 차례 회맹하고 천하를 바로잡았으니, 이는 모두 관중의 지모에 힘입은 것이었다. 관중이 말했다. "내가 옛날에 곤궁하던 때 포숙과 함께 장사를 한 적이 있는데, 이익을 나누면서 내가 더 많이 차지했다. 그런데도 포숙은 나를 탐욕스럽다고 여기지 않았으니, 내가 가난한 것을 알았기 때문이다.

내가 일찍이 포숙을 위해 일을 도모한 적이 있었는데 오히려 더욱 어렵게 되었다. 그런데도 포숙은 나를 어리석다고 여기지 않았으니, 시운時運에 유리함과 불리함이 있음을 알았기 때문이다.

내가 일찍이 세 번 벼슬해 세 번 다 임금에게 쫓겨났지만 포숙은 나를 못났다고 여기지 않았으니, 내가 때를 만나지 못했음을 알았기 때문이다.

내가 일찍이 세 번 전투에 나가 세 번 달아났지만 포숙은 나를 겁쟁이라 여기지 않았으니, 내게 노모가 계심을 알았기 때문이다.

공자 규가 패하자 소홀은 명예롭게 죽었으나 나는 살아서 손가락질을 받았다. 포숙은 그런 나를 부끄러움도 모르는 자라고 여기지 않았다. 내가 작은 절개를 지키지 못한 것은 부끄러워하지 않으나, 공명을 천하에 드러내지 못하는 것은 부끄럽게 여김을 알았기 때문이다.

나를 낳아준 이는 부모요, 나를 알아주는 이는 포숙이다生我者父母, 知我者鮑子也."

관중을 천거하고 나서 포숙은 그의 아랫자리에 있었다.

-『사기』「관안열전」

깊은 우정을 뜻하는 말로 쓰이는 고사성어 '관포지교管鮑之交'는 바로 여기에서 유래했다. 이 이야기에 따르면 관중과 포숙의 사귐은 포숙의 전폭적인 믿음과 이해의 바탕 위에 있음을 알 수 있다.

장사해서 얻은 이익을 나눌 때 관중이 더 많이 가져가도 포숙은 그가 가난하기 때문이라고 이해했다. 포숙을 위해 일을 도모하다가 더 곤궁하게 만들었어도, 벼슬자리에서 번번이 쫓겨나도, 관중이 모자라서가 아니라 때를 잘못 만나 그렇다고 이해해주었다. 전장에 나가 매번 달아났어도 비겁하다 비난하지 않고 노모 때문이라 이해해주었다.

관중이 모시던 공자 규가 왕위에 오르지 못하고 죽임을 당했을 때, 함께 공자 규를 모시던 소홀은 주인을 위해 죽음으로써 사인의 절개를 지켰다는 명예를 얻었다. 그러나 관중은 살아서 돌아와 공자 규와 왕위를 다투었던 환공의 신하가 되어 배신자라는 불명예를 꼬리표처럼 달고 살았다.

그 당시 사인의 직업윤리에 따르면, 자기를 알아주고 등용한 주인을 위해서 목숨을 바치는 것이 명예로운 일이었기 때문이다. 그것이 주종관계로 맺어진 사인들이 주인에 대해 마땅히 지켜야 할 의무이자 절개였다. 그러나 관중에게 그런 사적인 절개는 작은 절개에 지나지 않았다. 그보다는 국가적 차원에서 공명을 이루는 것이 더 중요했다.

포숙은 바로 그런 관중을 알아준 유일한 사람이었다. 탐욕스럽다, 모자란다, 비겁하다, 수치를 모르는 배신자다 등 세인이 관중에게 던진 모든 비난 뒤에서 감히 발화되지 못한 관중의 마음을 고스란히 읽어준 사람은 오직 포숙뿐이었다. 훗날 관중이 재상이 되어 눈부신 업적을 남길 수 있었던 것은 이러한 포숙이 있었기 때문이다.

그래서 관중은 "나를 낳아준 이는 부모요, 나를 알아준 이는 포숙이다"라고 한 것이다. '생아자生我者'와 '지아자知我者'로 대구를 이루는 이 말은 관중에 대한 포숙의 우정을 관중 자신을 존재하게 한 부모의 은혜와 동등한 차원으로 끌어올리면서 포숙의 '알아줌'에 방점을 찍는다.

포숙처럼 내 마음을 알아줄 '지아자'를 한 명이라도 꼽을 수 있는 인생이라면 정말 잘 살았다고 말할 수 있지 않겠는가? 스스로에게 질문해보자. 나를 낳아준 이가 부모라면, 나를 알아주는 이는 누구인가?

관포지교의 이러한 내막을 듣고 나면 대부분의 사람은 "나에게도 그런 친구 하나만 있었으면 좋겠다"라고들 한다. 그러나 그런 친구를 얻으려면 본인부터 먼저 포숙이 되어야 한다는 사실을 명심할 필요가 있다. 누군가에게 자기가 포숙과 같은 친구가 되어주지 못한다면, 자기도 포숙 같은 친구를 만날 수 없는 법이다.

자신을 낮춘 자가
결국 가장 높은 곳에 오르나니

이제 공자 규와 관련한 사건과 포숙이 "관중을 제환공에게 천거한 뒤 자신은 관중보다 아래 자리에 있었다"라는 사건의 내막을 좀 더 자세히 알아보자.

이 이야기는 제나라 13대 왕 희공에서부터 시작된다. 희공에게는 어머니가 각기 다른 세 아들, 제아, 규, 소백이 있었다. 관중은 소홀과 함께 규를 모셨고, 포숙은 소백을 모시고 있었다. 희공이 승하한 뒤 태자인 제아가 왕위를 계승했다. 그가 바로 양공이다.

양공이 태자였을 때 아버지 희공은 자신의 동복동생인 이중년의 아들 공손무지를 좋아해 그가 사용하는 의복과 기물 등을 태자와 동등하게 예우해주었다. 태자 시절 양공은 아버지와 그리 사이가 좋지 않았던 것으로 보인다. 즉위하자마자 그는 사촌이 누리던 태자 대우의 예우를 모두

박탈하고 내쫓았다. 이 일로 공손무지는 양공에게 원한을 품게 된다.

희공에게는 문강이라는 딸이 있었는데 이웃한 노나라 환공에게 시집갔다. 그런데 양공은 태자 시절 이복동생 문강과 서로 사통했다. 둘의 사랑은 문강이 결혼한 뒤에도 식을 줄 몰랐다. 양공 4년 노환공의 주선으로 양공과 주나라 공주의 혼인이 성사되었고, 이를 축하하기 위해 노환공과 문강은 제나라로 향했다. 신하들이 문강과 동행하는 것을 반대했지만 환공은 이를 대수롭지 않게 여기고 묵살했다.

양공과 문강은 재회의 기쁨을 누렸지만 얼마 안 있어 노환공이 이를 눈치채고 문강을 책망했다. 문강이 이 사실을 양공에게 알리자 양공은 크게 화를 냈다. 그러고는 노환공을 연회에 초청하여 취하게 만든 뒤, 공자 팽생을 시켜 은밀하게 없애버리게 했다. 팽생은 힘이 장사였다. 연회가 끝난 뒤 취한 노환공을 모신다며 환공의 수레에 동승해 그의 늑골을 부러뜨려 죽였다.

왕비의 나라를 방문했던 왕이 특별한 이유도 없이 시신이 되어 돌아오는 것은 외교 문제로 비화된다. 양국의 우호관계를 깨고 전쟁으로 발전될 가능성이 농후한 사건이다. 그런데도 한 나라의 군주가 그런 후과를 생각지도 않고 그렇게 쉽게 노나라 군주를 살해하는 방법을 택했을까? 그렇게 물불 가리지 않을 만큼 문강과의 사적인 관계가 중요했는지도 모르겠다.

어쨌거나 군주로서 양공은 참 어리석게 행동했다. 그리고 군주가 이성적 판단을 하지 못할 때 신하에게는 군주를 바로잡아주어야 할 의무가 있는데, 팽생은 그 의무를 저버렸다. 이 사건을 두고 제나라 대부 수만은 양공에게 팽생을 구실로 삼아 무마하도록 했다.

팽생은 군주에 버금가는 위세를 떨치면서 강력하게 간언하기는커녕, 오히려 아첨으로 군주의 비위를 맞추면서 군주를 희롱하고 마침내 군주로 하여금 친척 사이의 예의와 명분을 잃어버리게 했습니다. 지금 커다란 환난을 조성해 두 나라를 원수로 만들었으니 그가 어찌 죄를 면할 수 있겠습니까? 이번 환난은 팽생으로 빚어진 것입니다. 군주는 한때의 노여움을 참지 못해 화를 부르고, 혼인으로 맺어진 나라와 악연을 맺는 것을 두려워하지 않고 마침내 어리석게도 추문이 백성들 사이에 파다하게 번지게 만들었습니다. 이는 부끄러움을 모르는 것입니다. 그러니 이번 환난이 어찌 팽생의 책임으로만 끝나겠습니까? 노나라에

서 이번 사건을 문제 삼으면 반드시 팽생을 구실로 내세
워야 합니다.

(『관자』 「대광」)

노나라는 제나라에 비해 국력이 약하여 제나라에 이
사건을 제대로 따지지 못했다. 다만 당시 노환공의 수레를
호위한 팽생에게 책임을 물어 그를 죽이기를 청했다. 제나
라는 팽생을 죽이고 노나라에 사과하는 선에서 사건을 마
무리 지었다. 노환공의 죽음으로 인해 그와 문강 사이에 난
아들 장공이 즉위했다. 훗날 노장공이 공자 규를 빌미로 제
나라를 친 일은 아버지 환공이 겪은 의문의 죽음에 대한 복
수이기도 했을 것이다.

한편 양공이 재위한 뒤 제나라의 정치는 혼란했고 신
하들의 원성은 높았다. 양공 14년 대부 연칭과 관지보는 변
방 수비 임무를 약속대로 교대해주지 않자 공손무지와 더
불어 반란을 일으켰다. 그들은 궁궐에 침입해 양공을 죽이
고 공손무지를 왕으로 옹립했다.

양공이 피살되자 공자 규는 외가인 노나라로 망명했
다. 『춘추좌전』에 따르면 포숙은 이 사건이 일어나기 전에
이미 변란이 일어날 것을 예상하고, 제나라 옆의 작은 나라

인 거나라로 소백을 모시고 망명했다.

그리고 공손무지가 재위한 지 일 년 만에 피살되자 제나라는 왕위 공백 상태에 놓였다. 대부 고혜와 국의중이 소백에게 이 사실을 먼저 알려서 그를 불러들였다. 공자 규도 소식을 듣고 노나라 군대의 호위를 받으며 제나라로 향했다. 서로 제나라 도성 임치에 먼저 도착하기 위해 다투던 두 공자 중 유리한 사람은 소백이었다. 거나라가 제나라에 훨씬 가까웠기 때문이다.

관중은 소백을 저지하기 위해 노나라 기병을 데리고 그들이 지나가는 길목에서 기다렸다. 무력 충돌이 있었고 그 와중에 소백은 관중이 쏜 화살에 맞았다. 다행히 화살이 혁대 고리에 맞아서 죽지는 않았다. 가까스로 제나라로 먼저 들어가 즉위하니 이 사람이 바로 제환공이다. 소백의 왕위 계승을 인정할 수 없었던 공자 규는 노나라 장공과 함께 군대를 이끌고 제나라와 전투를 벌였지만 참패했다.

전쟁이 끝난 뒤 포숙은 관중을 환공에게 천거했다. "임금께서 즉위하시니 이미 높이 되시어 저로서는 더 높여드릴 수가 없습니다. 임금께서 장차 제나라를 다스리려고 한다면 저와 고혜로도 충분할 것입니다. 그러나 임금께서 패왕이 되려고 하신다면 관중이 없어서는 안 됩니다. 관

주머니가 작으면 큰 것을 담을 수 없고,
두레박줄이 짧으면 깊은 물을 길을 수 없다.

중이 사는 나라는 그 위세가 커지게 될 것이니 그를 놓치면
안 됩니다."

자신에게 활을 겨눈 관중이 싫었던 환공에게 포숙은
결코 관중을 놓쳐서는 안 된다고 설득하며 자신의 몫이었
던 재상 자리를 관중에게 양보했다. 『국어』 「제어」에는 포숙
이 관중을 재상으로 천거하며 자신을 관중과 비교하는 장
면이 나온다.

신은 단지 임금님의 평범한 일개 신하에 불과할 뿐입니다.
임금께서 신에게 은혜를 베푸시려 한다면 제가 헐벗고 굶
주리지 않게만 해주시면 됩니다. 만일 나라를 잘 다스리고
자 한다면 이는 제가 할 수 있는 일이 아니며 오직 관중만
이 할 수 있을 따름입니다. 신은 다섯 가지 점에서 관중을
따라갈 수 없습니다.
백성에게 널리 은택을 베풀어 그들을 달랠 수 있는 점에
서 그만 못하며, 나라를 다스리면서 근본을 잃지 않는 점
에서 그만 못하며, 충성과 신의로 백성을 결속하는 점에서
그만 못하며, 예의규범을 제정해 천하가 법도로 삼게 하는
점에서 그만 못하며, 영문營門 앞에서 북을 치며 전쟁을 지
휘해 백성을 용기백배토록 만드는 점에서 그만 못합니다.

포숙은 자신의 기량과 관중의 기량을 제대로 파악하고 있었다. 그래서 자신은 자기 기량에 맞는 자리에 처하고 관중을 그의 기량에 맞는 자리에 천거한 것이다. 포숙은 정말로 자기 분수를 알고 지나친 욕심을 부리지 않는 현명한 사람이었다.

어쩌면 요즘 사람들은 이런 포숙을 두고 바보라고 비웃을지도 모르겠다. '자리가 사람을 만든다'는 말도 있지 않은가? 환공이 보위에 오르는 데 가장 혁혁한 공을 세운 그가 재상 자리에 오르는 것이 기정사실이 된 마당에 친구인 관중을, 그것도 그가 모시고 있던 주인의 원수를 백관의 우두머리로 천거하다니, 이렇게 할 수 있는 사람이 과연 또 있을까?

사마천은 "포숙이 관중을 천거하고 그의 아랫자리에 있었"던 이 사건의 결과를 면밀히 고찰했다. 환공이 포숙의 추천을 받아들임으로써 관중은 제나라의 재상이 되어 온갖 명예와 부를 다 누렸다. 관중의 사치는 왕과 같은 수준이었지만(공자는 일찍이 이를 두고 관중이 예를 모른다고 비난했다) 제나라 사람들은 아무도 그가 사치스럽다고 여기지 않았을 정도였다. 그렇다면 관중을 천거했던 포숙은 어땠을까?

사마천이 보기에는 포숙이 재상 자리를 양보하고 얼

은 것이 재상이 된 관중이 누린 일신의 영광보다 더 컸다. 사마천은 포숙이 재상 자리를 양보한 행위의 결과를 이렇게 평가했다.

포숙의 자손은 대대로 제나라에서 녹을 받고 십여 대에 걸쳐 봉읍을 소유했으며, 늘 유명한 대부가 되었다. 천하 사람들은 관중의 현명함을 칭찬하지 않고 포숙이 사람을 알아볼 줄 아는 것을 칭찬했다.

(『사기』 「관안열전」)

포숙은 관중이 재상이 되어 이룩한 부국강병의 실제적 이익을 자손 대대로 누리게 했다. 게다가 관중을 천거하고 자신은 아랫자리에 있었던 그의 행위는 공자의 극찬을 받았다.

자공이 위대한 신하에 대해 물었더니 공자께서 "제나라에 포숙이 있고, 정나라에 자피가 있지"라고 대답했다. 그랬더니 자공이 말했다. "아닙니다. 제나라에 관중이 있고, 정나라에 자산이 있지요."

"그런가? 내가 듣기로는 포숙은 관중을 천거했고, 자피는 자산을 천거했다던데, 관중과 자산이 누구를 천거했다는 말은 못 들었다."

자공이 물었다. "그렇다면 현자를 천거하는 사람이 현자보다 더 현명하다는 건가요?"

공자가 말했다. "현자를 알아보는 것은 지혜요, 현자를 밀어주는 것은 사람다움이요, 현자를 이끌어주는 것은 의로움이다. 이 세 가지를 가졌는데 거기다가 무엇을 더할 것이 있겠느냐?"

(『한시외전』)

자산은 춘추시대 가장 혁혁한 공을 세운 명재상으로 손꼽히는 유명한 인물이다. 자산의 이름은 공손교이며, 진나라와 초나라 사이에 끼어 있는 작은 나라인 정나라를 부강하게 만든 명재상이다. 뛰어난 외교술로 주변의 강대국조차 정나라를 함부로 대하지 못하게 만들었다. 그는 관중과 달리 업적뿐만 아니라 인품도 나무랄 데가 없다는 공자의 칭찬을 받은 바 있다.

위대한 신하를 논하면서 천하가 다 인정하는 관중과 자산, 이 두 인물을 꼽지 않고 공자는 오히려 그 둘을 추천한 포숙과 자피를 꼽았다. 현자를 천거하는 사람이야말로 인仁, 의義, 지知를 모두 갖춘 진정한 현자라는 것이다.

결국 포숙은 관중을 천거함으로써 대대로 그 가문이 영광을 누리게 했고, 개인적으로는 공자로부터 인, 의, 지를 모두 갖춘 군자라는 영예로운 칭찬을 얻었다. 포숙은 일견 어리석은 선택을 한 것 같지만 사실은 더 큰 실속을 얻었던 것이다. 이렇듯 코앞에 놓인 현실적 이익의 차원에서만 바라보지 말고 좀 더 긴 안목으로 들여다보면 다른 면을 볼 수 있다.

모든 선택에는 이유가 있다, 시간은 마침내 그것을 증명한다

이제 공자 규가 왕위 쟁탈에 실패한 이후 관중과 소홀의 행보를 통해 관중이 염치없는 배신자로 손가락질받았던 사건의 자세한 내막을 알아보자.

노나라 장공이 공자 규를 제나라 왕으로 옹립하기 위해 일으킨 전쟁은 실패로 끝났다. 환공의 왕위 계승이 확실해지자, 제나라에서는 환공의 정적인 공자 규는 처단하고 관중을 소환하여 국정을 맡기려고 했다. 그러나 노나라에서 미리 제나라의 보복을 잠재우기 위해 공자 규와 그를 따르던 신하를 모두 죽이거나 관중을 억류해 정사를 맡길까 염려하여, 제나라는 다음과 같은 요구 조건을 노나라에 통보했다.

공자 규는 형제라 차마 죽이지 못하겠으니 노나라에서 그를 죽여주기 바란다. 소홀과 관중은 원수지간이니 그들을 직접 죽여서 젓갈을 담아 분을 풀고자 하니 압송해주기 바란다. 그렇게 하지 않으면 노나라를 포위할 것이다.

(『사기』「제태공세가」)

전쟁에 참패한 노장공은 재빨리 이 요구 조건을 따랐다. 공자 규는 노나라에서 처형되었고 관중과 소홀은 제나라로 압송되었다. 그들이 구금될 때 관중이 소홀에게 물었다. "자네, 두려운가?" 그때 소홀은 관중에게 두 사람의 역할을 이야기했다.

무엇이 두렵겠나? 내가 공자 규의 뒤를 이어 곧바로 죽지 않은 것은 제나라가 안정되기를 기다렸기 때문이네. 이제 제나라가 안정되었으니 틀림없이 그대는 좌상, 나는 우상이 될 것이네. 내가 섬기던 공자 규를 죽이고 나를 등용하면 이는 나를 두 번 욕되게 하는 것이라네. 그대는 살아서 생신生臣이 되게나. 나는 죽어서 사신死臣이 되겠네. 나는 장차 대국의 재상이 될 수 있는데도 죽음을 택하니, 이로 인해 공자 규는 자기를 위해 기꺼이 죽음을 택한 신하가 있다는 말을 듣게 될 것이네. 그대가 살아서 패업을 이루면 공자 규는 자신을 위해 기꺼이 살아남아 패업을 이룬 신하가 있다는 말을 들을 수 있을 것이네.

각자 하나는 죽어서 덕행을 이루고 하나는 살아서 공명을 이루는 셈이지. 공명은 덕행과 양립할 수 없고, 덕행도 또한 거저 만들어지는 게 아니라네. 그대는 살아서 힘써 노력하게. 생사는 각기 정해진 분수가 있는 법이라네.

(『관자』「대광」)

소홀의 대답은 춘추시대 사인의 직업윤리를 잘 보여준다. 주인을 위해 죽음을 택했던 소홀은 자기를 알아준 주인을 위해 목숨을 바친다는 당시의 윤리에 충실함으로써 덕행을 이루었다. 그러나 관중은 살아서 배신자라는 꼬리표를 달았으므로 덕행은 이루지 못했다. 대신 그는 제나라를 패자로 만들어 천하에 공명을 떨쳤다. 관중은 "작은 절개를 지키지 못한 것은 부끄러워하지 않으나 공명을 천하에 드러내지 못하는 것은 부끄럽게 여겼기" 때문이다.

사인의 직업윤리, 즉 주인에 대한 절개는 덕과 관련되고, 사인이 이루는 업적은 공명과 관련되는데, 그 둘이 양립할 수 없을 때 어떤 선택을 해야 하는가? 소홀과 관중은 각기 다른 길을 선택했고, 각각의 선택에는 나름의 정당성이 있었다. 소홀은 그것을 두고 "생사에는 분수가 있다"라고 설명했다.

제나라 국경에 이르자 소홀은 자결하고, 관중은 극진한 대접을 받으며 귀환했다. 환공은 미리 재계의 예를 행한 뒤 교외까지 나와 관중을 맞아들이고 그와 수레를 나란히 하여 왕궁으로 들어갔다. 이를 본 백성들이 몹시 놀랐다. 이 일로 "환공은 설령 원수일지라도 어진 사람이면 존경하고 예의로써 대한다"라는 소문이 사방으로 퍼져나갔고, 천하의 뜻있는 사람들이 모두 제나라에 등용되기를 바라게 되었다.

그러나 관중의 변절은 스캔들이 되어 이후 많은 사람의 입방아에 올랐다. 특히 『논어』에는 제자들이 이 문제를 '사람다움'과 결부시켜 공자에게 묻는 장면이 나온다.

자로가 물었다. "환공이 공자 규를 죽이자 소홀은 그를 위해 죽었지만, 관중은 죽지 않았으니 사람답지 못하다고 하겠지요."

공자가 말했다. "환공이 제후를 규합하는 데 전차를 쓰지 않은 것은 관중의 힘이다. 그것은 사람다움과 같다."

자공이 물었다. "관중은 사람답지 못한 자이지요? 환공이 공자 규를 죽였는데도 죽지 않고 환공을 도왔습니다."

공자가 말했다. "관중이 환공을 보필해 제후들을 제패하고 온 천하를 바로잡아 백성이 오늘날까지 그의 은택을 입고 있다. 관중이 없었다면 우리는 아마 머리를 풀어 늘어뜨리고 왼쪽으로 옷을 여며 입는 오랑캐가 되었을 게야. 어찌 필부필부가 사소한 신의를 지켜 도랑에서 스스로 목을 매어 죽어도 아무도 알아주지 않는 것과 같겠느냐?"

(『논어』「헌문」)

제자들은 소홀이 말한 덕행의 차원에서 관중의 사람다움을 문제 삼고 있다. 대략 관중의 사후 백 년 즈음에 공자의 문하에서 이러한 대화가 전개되었던 것으로 보아, 관중이 공자 규를 따라 죽지 않고 환공을 보필한 사실은 하나의 핸디캡으로 작용했을 가능성이 크다. 그의 도덕성을 문제 삼아 그를 깎아내리고 싶어 한 사람들도 많았을 것이다.

그러나 공자는 주종 간의 사사로운 의리의 차원에서 관중을 평가하려는 사람들에게 일침을 가했다. 관중이 무력이 아닌 평화로운 방법을 통해 이룩한 중원의 안녕과 질서가 백성들에게 미친 은택이야말로 진실로 사람다운 것이었음을 인정함으로써 제자들의 의혹을 불식시켰다.

이러한 우여곡절 끝에 관중은 춘추전국시대에 가장 성공한 인물로 기억되었고 모든 사인의 롤모델이 되었다. 그러나 세상 사람들이 관중의 성공만을 기억할 때 사마천은 그의 전기의 모두에 잘 알려지지 않은 과거사를 기록했다. 집안이 가난해서 장사를 했고, 벼슬자리에서 여러 번 쫓겨났으며, 군대에 입대해서 번번이 도망친, 그야말로 되는 일 하나 없이 실패로 점철된 쓰라린 과거를 관중의 입을 빌려 기록했다. "관중의 저서가 이미 세상에 널리 퍼져 있으므로 그에 관해서는 논하지 않고 다른 문헌에 빠져 있는 것만 기록하였다"라고 밝히면서.

사마천이 굳이 관중의 쓰라린 과거 이야기를 기록하면서 강조하고 싶었던 것은 관중의 눈부신 성공 뒤에 그를 알아준 포숙이 있었다는 사실뿐만이 아니다. 그와 더불어 관중에게 실패로 점철된 과거가 있었다는 사실도 일깨워준다. 그 숱한 실패의 경험을 관중은 어떻게 받아들였을까?

우리가 통제할 수 있는 것은
결과가 아닌 노력

재상이 되어 환공을 보필하기 전까지 관중은 되는 일이 별로 없는 사람처럼 보인다. 장사를 해야 할 정도로 가난한 집안 출신에다 벼슬 운도 사나워 계속 쫓겨났다. 군인이 되어 전쟁터에 나가서도 매번 도망쳐서 겁쟁이라고 손가락질받았다. 눈부시게 성공한 인물의 과거사치고는 너무나 어이가 없을 정도로 초라하지 않은가?

그런데 그가 실패할 때마다 포숙이 이해해주었던 실패의 원인을 자세히 들여다보자. 가난, 불리한 타이밍, 노모봉양 등 모두 관중의 능력과 아무 상관이 없는 것뿐이다.

아무리 애쓰고 고군분투해도 원하는 대로 이루어지지 않을 때 모든 실패의 원인이 자신에게 달려 있다고 생각하면 어떨까? 강한 초자아가 발동해 잘못을 하나하나 지적할 때마다 '더 열심히 노력했어야 했어'라는 후회와 자책, '나는 이것밖에 안 되나 보다'라는 자기 비하가 밀려온다. 그러면 자연히 '나는 되는 일이 아무것도 없다'고 믿게 되며, 본인 스스로를 진짜 실패자로 낙인 찍게 된다.

그때 실패는 두려움의 대상이 되고, 그 두려움에 사로

잡히면 어떤 시도도 할 수 없게 된다. 관중이 하는 일마다 안 되던 시절에 자신을 스스로 무능한 '루저'로 규정했다면 어땠을까? 아마도 그는 두 번 다시 무언가를 시도할 수 없었을 것이다. 실패의 경험이 몰고 온 고통과 두려움에 떨면서 그저 그런 서생으로 그럭저럭 살아갔을지도 모른다.

그러나 관중은 모든 일의 결과가 자신의 능력이라는 단 하나의 요인으로 결정된다고 생각하지 않았다. 본인의 힘으로 어쩔 수 없는 다른 요인도 함께 작용한다고 생각했다. 그러면 어떤 일의 결과에는 자신의 능력이 미칠 수 있는 부분이 있고, 자신의 능력이 미칠 수 없는 부분도 존재함을 알게 된다.

공자도 "훌륭한 농부라도 씨 뿌리기에는 능하지만 언제나 수확을 잘할 수는 없고, 솜씨 좋은 장인이라도 그 기술이 뛰어날 수는 있지만 반드시 남의 마음에 들 수는 없다. 군자도 도를 잘 닦아서 기강을 세우고 다스릴 수는 있지만 반드시 세상에 받아들여지지는 않는다"라고 한 바 있다.

아무리 훌륭한 기술을 지닌 농부라도 그의 기술만으로 풍성한 수확이라는 결과를 만들 수 없다. 그가 가진 모든 능력을 다 쏟는다 해도 태풍, 홍수, 가뭄 등 인간의 능력이 미칠 수 있는 영역 밖의 더 많은 요인이 복잡하게 작용하기 때문이다. 빼어난 기술을 가진 장인도 마찬가지다. 가지고 있는 모든 능력을 다 쏟아부어 세상에 다시 존재할 수 없는 명품을 만들 수는 있지만 그것이 팔리느냐, 안 팔리느냐의 문제는 구매자의 마음에 달려 있다.

관중이 처음에 했던 장사도 마찬가지다. 아무리 좋은 물건이라도, 아무리 뛰어난 상술을 지니고 있더라도, 물건을 구매하는 최종 결정은 물건을 사는 사람의 마음에 달려 있다. 그러므로 아무리 훌륭한 상인이라도 그가 할 수 있는 영역이란 좋은 물건을 갖추고, 소비자가 그것을 구매하도록 물건의 가치를 잘 설명하는 것까지다. 그에게는 구매를 결정할 권한이 없다.

관중은 일의 결과가 그 자신의 능력에 의해서만 결정되는 것이 아니라는 사실을 분명하게 알고 있었다. 세상 사람들이 자신의 실패와 어리석음을 손가락질할 때 스스로를 실패자로 여기며 좌절하지 않았던 것도 바로 이런 사실을 깊이 인식하고 있었기 때문일 것이다.

그렇기 때문에 관중은 상인, 관리, 군인으로 자리를 바꾸면서 실패에서 다음 실패로 옮겨 갈 수 있었다. 영국의 정치가 윈스턴 처칠은 성공을 "실패에서 다음 실패로 옮겨 가는 능력"이라 정의한 바 있다. 그의 삶은 이를 여실하게 보여준다.

 **실패의 모든 원인이 자신의 능력하고만 결부되는 것이 아
니라는 사실을 안다는 것은, 실패를 전적으로 자기 무능의 탓으
로 보지 않는 것이다. 많은 다른 요인이 함께 작용하고 있다는
사실에 마음을 열어놓는 것이다.** 거기에 겸손함이 깃들고, 사
건 하나하나마다 배워야 할 점이 무엇인지 숙고하는 성찰
이 깃든다. 그러면 실패를 거울삼아 삶을 새로이 점검하고
자신의 행동을 새롭게 조명할 수 있다. 그렇게 할 때 실패는
어떻게 해서든지 피해야 할 무엇이 아니라 자신을 성장시
키는 디딤돌로 바뀐다.

 수많은 자기계발서가 "불가능은 없다"라고 힘주어 말
한다. 잠든 열정을 일깨우고 할 수 있다는 자신감을 북돋아
주는 구호라는 점에서는 분명 긍정적이다. 그러나 열정과
능력을 오롯이 쏟아부어도 실패하는 경우, 그런 구호는 오
히려 상처로 남는다. 그때의 좌절감은 결국 자신의 무능으
로 연결되기 때문이다.

 그래서 많은 사람이 자기계발서를 읽고 상처받는다고
들 한다. 성공이라는 결과가 자신의 능력에 의해 결정된다
는 생각이 암묵적으로 깔려 있어서이다. 우리는 바로 이 부
분에서 미묘한 뒤틀림이 있다는 사실을 알아차려야 한다.

능력지상주의, 성과제일주의가 이 사회의 주류로 횡행하고 있지만, 능력이라는 단 한 가지 요인이 결과의 모든 원인이 될 수 없는 것이 진짜 현실이다.

그러므로 어떤 일에 실패해서 쓰라린 상처를 입었다면 먼저 자기를 용서하고 자신과 화해해야 한다. 실패의 경험은 전적으로 우리의 탓이 아니다. 인간이 콘트롤할 수 없는 커다란 부분이 항상 존재한다는 사실을 마음속 깊이 이해해야 한다.

우리를 아프게 했던 경험은 앞으로 걸어가야 할 길에 반드시 필요한 것이다. 그 경험에서 배울 것이 무엇인지 숙고하고, 다시 한번 열정을 일으켜 다음 실패로 옮겨가 보자. 그렇게 하는 동안 점점 더 맷집이 세지고 점점 더 세련되게 실패할 것이다. 그리고 마침내는 그 끝에 있는 자기만의 성공을 거머쥘 것이다. 자기심리학의 대가 하인즈 코헛은 건강한 심리 구조를 이루려면 반드시 '적절한 좌절Optimal frustration'을 경험해야만 한다고 말했다. 실패와 좌절의 경험에는 반드시 긍정적인 면이 존재하기 때문이다.

맹자도 일찍이 실패와 좌절의 긍정적 측면에 대해 다음과 같이 설파했다.

하늘이 장차 그 사람에게 큰 사명을 주려 할 때는 반드시 먼저 그의 마음과 뜻을 흔들어 고통스럽게 하고, 그 힘줄과 뼈를 고달프게 하며, 배를 굶주리게 하여 몸을 곤궁하게 하고, 그가 하고자 하는 일을 흔들어 이루지 못하게 하나니, 그것은 타고난 작고 못난 성품을 인내로 담금질하여 지금까지 할 수 없었던 일을 할 수 있도록 그 그릇과 역량을 키워주기 위해서다.

(『맹자』「고자」)

실패와 좌절을 긍정적으로 받아들이는 것은 결국 자기의 그릇을 키우는 것과 맞닿아 있다. 관중은 "주머니가 작으면 큰 것을 담을 수 없고, 두레박줄이 짧으면 깊은 물을 길을 수 없다"고 했다. 실패에서 다음 실패로 넘어가는 것, 그것은 결국 자기 초월을 통해 자신의 주머니를 키우고 두레박줄을 길게 만드는 자기 성장의 길이다.

여섯 번째 숲

마음이 지옥일 때
해야 하는 일
-시경

절대 숨겨서도 외면해서도
안 되는 이 감정

부처님은 모든 살아 있는 존재의 삶은 고해와 같다고 했다. 탄생부터 소멸까지 생로병사를 겪는 생리적 고통은 물론이고, 싫어하는 것과 만나는 고통(원증회고怨憎會苦), 사랑하는 것과 헤어지는 고통(애별리고愛別離苦), 원하는 것을 얻지 못하는 고통(구부득고求不得苦)처럼 심리적 차원에서 겪는 정신적 고통까지, 셀 수 없이 많은 고통이 삶의 무늬를 수놓는다. 그래서 신경림 시인은 「갈대」에서 '산다는 것'은 곧 '속으로 조용히 울고 있는 것'이라 노래했을 것이다.

수많은 고통을 결코 피해 갈 수 없는 운명 때문에 우리는 고통의 바다에서 조용히 울면서 살아간다. 살면서 맞닥뜨린 수많은 고통으로 크고 작은 상처를 받은 우리에겐 따뜻한 위로와 치유가 필요하다. 상처받은 영혼을 위한 힐링 열풍이 거세기도 했다. 그러나 과연 그 수많은 '힐링'이 상처받은 영혼을 고통으로부터 구원해주었는가? 진통제를 맞고 잠깐 괜찮다가 약효가 떨어지면 다시 아픈 것처럼, 안타깝게도 그것은 단지 아주 잠깐만 괜찮은 위로에 그칠 뿐이었다.

힐링이라는 말은 치료와는 다르다. 종교학자 정진홍은 치유로 번역되는 힐링은 '스스로 자기를 가누는 존재'의 삶의 실상을 논의하는 언어이므로, 치료의 주체는 타인이지만 치유의 주체는 자기일 수밖에 없다고 주장한다. 진정한 힐링이란 외부의 어떤 것에 기대어 아픈 영혼을 위로하는 데 그치는 것이 아니라, 스스로 자기 삶을 치유하고 성장하는 일이다. 그래서 상처받기 이전과는 다른 삶의 지평으로 나아가는 일이다.

영혼의 상처에는 위로가 필요하다. 위로는 상처를 치료하기 위한 첫 번째 처치 과정이다. 손가락이 칼에 베여 상처가 나면 밴드를 붙이듯, 마음에 상처가 나면 그 아픔을 위로해줘야 한다. 몸에 병이 났을 때는 소문을 내야 한다고 한다. 여러 사람에게 얘기하면 좋은 처방에 관한 정보를 얻기

쉽기 때문이란다. 그러나 마음에 병이 생겼을 때는 그렇게 하지 못한다. 손끝이 칼에 살짝만 베여도 "아야!" 하고 비명을 지르면서도, 마음에 상처가 났을 때는 아프다는 말을 쉽게 하지 못한다. 마음의 상처는 크고 깊을수록 대면하기가 어렵기 때문이다.

우리는 어려서부터 고통에 동반되는 부정적 감정, 즉 분노, 화, 억울함, 수치, 모욕감, 자괴감, 슬픔은 타인에게 함부로 꺼내 보여서는 안 되는 것으로 사회화된다. 그래서 사람들은 이러한 감정을 스스로 자기 안에 가둬두고 쓰디쓴 눈물을 삼킨다. 자신의 약함, 상처, 아픔 등을 함부로 내보일 수 없는 이 시대에 우리는 어떻게 스스로를 치유할 수 있을까? 잠시 스치는 위로가 아닌, 상처를 온전히 치유하고 고통으로부터 걸어 나와 다시 건강하게 살아갈 수 있는 진정한 힐링을 시작해보자.

철학자 에피쿠로스는 일찍이 "의학이 육체의 병을 물리치지 못하면 아무런 이점을 주지 못하듯, 철학 역시 마음의 고통을 물리치지 못한다면 무용한 것"이라며 철학의 치유적 기능을 언급했다. 문학도 그러하다. 문학도 철학과 마찬가지로 인간 삶의 전반적 문제를 광범위하게 다룬다. 따라서 문학이 마음의 고통을 물리치지 못한다면 그 역시 무용하다고 말할 수 있다.

　인간 삶의 내밀한 결을 다루는 문학은 자신의 삶을 비추는 상상적 거울이라 할 수 있다. 독자는 그 거울을 통해 자신을 성찰하며 존재의 의미와 세계와의 관계를 새롭게 모색한다. 프랑스 철학자 폴 리쾨르가 지적했듯이 그것은 자신의 새로운 '존재 가능성'을 찾는 일이다. '새로운 존재 가능성'이라니 정말 설레지 않는가? 우리의 삶을 성찰함으로써 '새로운 존재 가능성'을 찾는 것, 그것이 바로 문학에 본질적으로 깃든 치유의 기능이다.

　언어는 치유의 힘을 가지고 있다. 언어로 표출할 때 더 이상 고통은 힘을 과시할 수 없게 된다. 스피노자의 『에티카』에 의하면 "고통스러운 감정은 우리가 그것을 명확하고 확실하게 묘사하는 바로 그 순간에 고통이기를 멈추"기 때문이다. 그래서 셰익스피어는 『맥베스』에서 "가슴에 갇혀 몰래 앓는 신음소리는 아무리 작아도 결국 심장을 산산조각 내는 법이니 슬픔에 언어를 주어라"라고 했다.

　가슴속에 꼭꼭 묻어둔 아픔을 '말하는 것'이 바로 치유의 첫걸음이 된다. 아주 오래전부터 인류가 가슴속에 있는 아픔을 노래했고 또 지금까지도 노래하고 있다는 사실은 어떤가. 이것도 말하기가 가지고 있는 치유적 속성과 관련되어 있다. 음악 치료에서 슬플 땐 슬픈 노래를, 우울할 땐 우울한 노래를 쓰는 것도 이러한 맥락에서 이해할 수 있다. 마음속의 슬픈 감정이나 우울한 감정을 같은 분위기의 노래가 대신 발설해주는 것이다.

문학도 마찬가지다. 마음속의 고통스러운 감정과 문학 작품 속에 표현된 감정이 서로 공명하면 마음에 갇혀 있던 것이 바깥으로 발설되는 것과 같은 효과를 얻을 수 있다. 실연당했을 때를 떠올려보라. 이별의 슬픔을 노래한 시가 마음속에 실타래처럼 엉켜 있는 모호한 감정을 족집게처럼 콕 집어서 분명하게 드러내 보여주지 않던가?

그것은 발화에 따른 카타르시스와 위로를 안겨줄 뿐만 아니라, 이별을 경험하고 있는 자신에 대한 새로운 이해의 지평으로 나아가게 한다. 시인 이성복이 "이야기된 불행은 불행이 아니다. 그러므로 행복이 설 자리가 생긴다"라고 했던 것은 우리가 불행을 언어로 표현하면서 새로운 이해의 지점에 도달하게 된다는 것을 알려준다.

그런데 말로 표현하는 것보다 더 확실하고 효과적인 방법이 있다. 바로 글쓰기다. 글로 적는다는 것은 모호하고 이해되지 않는 것을 종이 위에 문자로 옮기는 행위다. 종이에 적힌 것은 하나의 실체로 존재하므로 객관적인 관찰 대상이 될 수 있다. 다시 말해 머릿속에서 어지럽고 복잡한 실타래처럼 엉클어진 것을 종이 위에 문자 형태로 고정시켜놓는 것은 모호하고 종잡을 수 없는 생각이나 감정을 구체적으로 실체화시키는 일이다.

모호한 감정이 객관적인 관찰 대상이 되면 이전보다 훨씬 다양한 관점으로 바라볼 수 있다. 현재 당면하고 있는 상황이나 문제를 이전에는 생각하지 못했던 새로운 방식으로 이해할 수 있다. 이를 문학 치료에서는 '프레임 다시 짜기'라고 한다. 프레임을 재구성하면 더 이상 불행이 불행으로만 보이지 않고, 그 자리에 행복이 들어설 틈이 생긴다.

글쓰기는 텍스트를 읽고 해석하는 것보다 훨씬 적극적이며 능동적으로 '새로운 존재 가능성'을 모색하는 방법이다. 칼럼니스트 박미라는 글쓰기의 치유적 속성에 대해 "글쓰기는 주의 깊게 보는 행위 그 자체이며, 자신이 어떻게 보고 경험하는지 알게 해주는 행위이며, 그것도 끊임없이 달아나고 소용돌이치는 대상을 붙들어 고정시켜놓고 지켜본다는 점에서 성찰적이고 치유적"이라고 말했다.

심리학에서는 언어화 이전의 파편적 이미지로 남아 있는 트라우마를 언어적 체계를 통해 표현할 수 있을 때 상처가 치유된다고 본다. 이 때문에 글쓰기 작업은 오래전부터 심리적 스트레스와 트라우마를 감소시키는 효과가 있다고 알려졌고 심리 치료에 널리 활용되었다.

그렇다면 어떤 글쓰기가 좋을까. 여기서는 '치유로서의 시 쓰기'에 주목하려 한다. 시는 지금 당면한 어떤 상황이나 문제에 대한 자신의 느낌이나 생각을 가장 정확하게 파악할 수 있는 훌륭한 도구이기 때문이다.

시를 읽다가 공감이 되는 부분을 발견하고, 그것과 만나기 시작하는 시점이 바로 치유로서의 시 쓰기의 시작이다. 그때 독자의 마음에 맺히는 공감은 시의 전체적 맥락이나 메시지와 전혀 상관없을 수도 있다. 단지 공감이 일어나게 만든 작품의 한 부분이 읽는 이의 가슴속에 묻혀 있던 어떤 감정을 끌어내주기만 하면 된다. 그런 다음 그 감정을 시처럼 짧게 줄을 바꿔가며 적어 내려가면 된다.

"그런데 시를 어떻게 쓰나요?" 대부분의 사람은 시를 써보라는 권유 앞에서 이렇게 난색을 표한다. 초등학교 시절에 써본 동시가 시 쓰기 경험의 전부인 것이 우리의 상황임을 감안하면 놀라운 일도 아니다. 그러나 시를 쓰는 일에 너무 위축될 필요는 없다. 어렸을 적 동시를 써본 경험 하나면 충분하다. 자기 안에서 일어나는 것을 그저 따라 적기만 하면 된다. 아무에게도 보여주지 않고 누구에게도 평가받지 않을 것이니까 마음대로 써도 된다. 시는 자기 마음을 말로 표현한 것이니까.

당신의 아픔에
언어를 부여할 때

고대 중국에서는 "시는 마음을 말한 것이고, 노래는 그 말을 길게 늘인 것詩言志, 歌永言"이라 했고, 또 "시란 마음속에 있는 뜻이 가는 바이다. 마음에 있으면 뜻이 되고, 말로 하면 시가 된다詩者志之所之也. 在心爲志, 發言爲詩"라고 정의했다. 결국 시란 마음속에 있는 것을 언어로 드러낸 것이다. 얼마나 심플한가? 그러니 자신감을 갖고 우리를 주눅 들게 하는 시에 대한 어마무지한 관념과 수식어들은 다 잊어버려도 괜찮다.

그리고 각자의 고통을 시로 표현하는 용기를 내기 위해 먼저 『시경』의 시를 읽어보자. 시란 '마음을 말한 것'임을 확인할 수 있을 것이다.

그대가 나를 사랑한다면
치마 걷고 진수라도 건너가련만

그대가 나를 사랑하지 않는다면
어찌 다른 사람이 없을까
이 미친 미치광이야

그대가 나를 사랑한다면
치마 걷고 유수라도 건너가련만
그대가 나를 사랑하지 않는다면
어찌 다른 남자가 없을까
이 미친 미치광이야

(『시경』「치마 걷고」)

임이 사랑해준다면 치마 걷고 강이라도 건너겠다는
여인은 사랑에 모든 걸 다 걸었다. 그런데 임의 마음은 오
로지 그녀에게만 있지 않은 듯하다. 자기를 사랑해주지 않
는다면 뒤도 안 돌아보고 떠날 기세다. '미친 미치광이'라는
욕도 서슴지 않고 하는 것을 보니 깊은 분노를 느끼고 있는
것 같다. 가슴속에 일어난 분노라는 감정을 있는 그대로 말
한 것이다. 그것이 시가 되어 남았다. 중국에서 가장 오래된
시집이며 유가 경전이기도 한 『시경』에는 이처럼 가슴속의
말 못할 고통을 발화한 시가 수두룩하다.

『시경』은 대략 기원전 천 년부터 오백 년 사이에 황하 유역 중원 지역에 살았던 사람들이 불렀던 노래를 모은 가사집이다. 이처럼 현존하는 중국 최초의 시는 노래와 더불어 존재했다. 이 노래 가사집을 춘추전국시대 때는 '시' 혹은 '시삼백'이라 불렀다. 그러다 한나라 건국 이후 유가사상이 국가의 통치 이념이 되면서 시는 경전으로 승격되었고, 비로소 '시경'이라는 이름을 얻었다. 경전이 된 '시'는 본래 민중이 그네들의 삶의 애환을 노래한 대중가요였다. 시대가 흐르면서 음악은 사라지고 가사만 남아서 지금까지 전해져 온 것이다.

　　『시경』에는 시란 마음이 가는 바를 솔직하게 표현한 것이라는 고대 중국인의 생각이 잘 드러나 있다. 남편에게 소박맞고 쫓겨나는 여인의 노래 「골바람」을 보자.

　　　슬슬 부는 골바람에
　　　날이 흐리고 비가 내리네
　　　함께 마음 모아 애쓰던 사이가
　　　이리도 노여움으로 변하다니
　　　순무와 무를 캘 제
　　　그 뿌리만 쓰는 것은 아니니

가장 부드러운 것이 가장 단단한 것을 이긴다.
힘을 뺄수록 세상은 온전히 당신의 편이 될 것이다.

백년가약 어기지만 않는다면

임과 함께 죽도록 살리라

터벅터벅 떨어지지 않는 발걸음

내 마음속이 에는 듯하네

멀리는커녕 가까이서

대문 안에서 나를 보내네

누가 씀바귀를 쓰다 하나

달기가 냉이보다도 더하네

그이는 새사람에게 빠져

저리 다정하게 구네

경수가 흐린 것은

위수가 맑기 때문

경수에도 맑디맑은 물가야 있네

그이는 새사람에게 빠져

인제 나는 본 체도 않네

내가 놓은 어살엘랑 가지 말고

내가 놓은 통발일랑 건드리지 말라

하나 집에서 쫓겨나는 이 몸

뒷일을 말해 무엇 하리

깊은 데 나가면
뗏목 젓고 배 저었고
얕은 데 있으면
헤엄치고 자맥질했지
있는 것 없는 것 다 살펴보고
애를 써서 장만했으며
이웃에 환난이 있으면
기를 쓰고 도왔지

날 위해주진 못할망정
날 도리어 원수로 삼네
이처럼 내 정성 버림받았으니
난 이제 팔리지 않는 물건이라네
예전에 어렵고 가난하던 시절엔
두 몸이 하나 되어 애썼건만
이제 겨우 살림 넉넉하니
독벌레 보듯 나를 외면하는가

내가 맛있는 음식을 비축한 것은

한겨울을 나기 위한 것

그이가 새사람을 좋아하니

나는 기껏 바람막이가 되었을 뿐

사납고 무서운 그 얼굴로

나를 혹사시켜놓고

지난 일은 이젠

생각지도 않는구나

(『시경』「패풍」)

여섯 장으로 이루어진 이 시는 소박맞은 여인의 긴 독
백이다. 남편과 죽을 때까지 해로하고 싶었기에 고생스러운
삶이라도 함께 애쓰며 살았건만 남편은 그런 마음을 저버
렸다. 시집와서 살았던 그 집을 떠나며 그녀는 가슴속에 일
어나는 오만가지 감정과 생각을 시 속에 낱낱이 남김없이
꺼내놓는다. 한때는 "함께 마음 모아 애쓰던 사이가 이리도
노여움으로 변하다니" 도대체 그녀의 삶에 무슨 일이 일어
난 것일까.

남편이 조강지처를 버리고 새 여자를 맞이하면서 평
화롭던 그녀의 삶은 송두리째 흔들리고 만다. 마음이 완전

히 떠난 남편은 배 타는 나루까지 배웅해주지도 않고 대문 안에서 작별하고 돌아선다. 자신을 대하는 것과는 판이하 게, 새로 결혼한 여자에게 곰살궂게 구는 남편을 보는 그녀 의 마음은 씀바귀보다 더 쓰다.

"새사람에게 빠져 인제 나는 본 체도 않는" 남편에게 화가 난 그녀는 새로 들어온 여자에게 자기가 만들어놓은 어살과 통발은 건드리지도 말라고 분통을 터뜨린다. 그래봤 자 쫓겨나는 마당에 그것이 무슨 소용이 있으랴, 다 부질없 는 짓인 것을.

떨어지지 않는 발걸음을 떼며 터벅터벅 걸어가는 그 녀의 마음속에 지난 세월이 떠오른다. 크고 작은 집안일을 함께 꾸려가며 애썼을 뿐만 아니라, 더불어 사는 이웃의 환 난에도 기를 쓰고 도우며 해야 할 일을 다했다. 그것은 지금 돌아보아도 한 남자의 아내로서, 마을 공동체의 구성원으로 서 사람이 할 도리를 다했던 떳떳한 삶이었다.

그렇게 열심히 살았건만 그런 "날 위해주진 못할망정 날 도리어 원수로 삼고" "이제 겨우 살림 넉넉하니 독벌레 보듯 나를 외면하며" "사납고 무서운 그 얼굴로 나를 혹사 시켜놓고 지난 일은 이젠 생각지도 않는" 기막히고 억울한 상황이 눈앞에 닥쳤다.

하늘이 무너진 듯한 배신감이 밀려온다. 남편의 배신
과 더불어 자신의 온갖 정성이 저버려지면서 인간에 대한
믿음과, 열심히 살면 그만큼의 보상이 뒤따르리라는 삶에
대한 기대가 한꺼번에 꺾여버린 지독한 현실 앞에서 그녀
는 얼마나 고통스러웠을까? 이제 '팔리지 않는 물건'이 된
그녀는 자신의 존재와 삶이 통째로 부정당하는 뼈아픈 좌
절감을 느꼈을 것이다.

가장 힘들고 고통스러운 바로 그때, 그녀는 자신의 마
음에 일어나는 모든 것을 노래로 표현했다. 깊은 나락에 빠
진 고통에 언어를 부여한 것이다. 대충대충 하지 않고 너무
나 치열하게, 밑바닥까지 하나도 빠뜨리지 않고 남김없이
다 꺼내놓았다. 마주 보고 싶지 않은 아픈 현실, 꺼내놓기
어려운 마음을 회피하지 않고 이토록 낱낱이 표현했다.

그렇게 이야기된 고통은 더 이상 그녀의 마음을 제멋
대로 몰아갈 수 없다. **"고통스러운 감정은 우리가 그것을 명
확하고 확실하게 묘사하는 바로 그 순간에 고통이기를 멈추기"
때문이다.** 언어로 고정시킨 고통은 어지럽고 모호한 대상에
서 구체적인 실체로서 확실하게 파악되는 대상으로 바뀌면
서 마침내 우리 스스로 통제할 수 있게 된다. 그런 과정을
거치면서 프레임이 다시 짜이기 때문이다.

고통스러울 때 「골바람」의 화자처럼 지금 현재 일어나는 마음을 있는 그대로 적어보라. 그것이 무엇이든 다 시가 된다. 마음에 일어나는 어떤 감정도, 어떤 생각도, 어떤 말도 다 종이 위에 쏟아놓자. 주저하지 말고, 어떤 판단도 하지 말고, 끝까지, 하나도 남김없이 붙잡아서 종이 위에 단단히 고정시켜보라.

이때 중요한 것은 일어나는 감정이나 생각에 그 어떤 가치판단도 덧붙이지 않아야 한다는 점이다. 감정, 생각에 대해 도덕적인 가치판단이 개입되면 감정과 생각은 억압된다. 종이 위에 죄다 쏟아놓기만 해도 한결 속이 후련한 느낌이 들 것이다. 믿음직한 친구에게 속마음을 털어놓고 있는 그대로의 자신으로 오롯이 위로받는 느낌이 들 것이다.

그리고 적은 것을 다시 처음부터 읽어보면 현재 자신의 감정이 어떠한지, 사건에 대한 자신의 해석이 어떠한지 객관적으로 보이기 시작한다. 그렇게 **자기 자신과 고통 사이에 틈이 생기면 그 고통을 다른 관점에서 바라볼 수 있고, 마침내 자신의 삶에 닥친 고통을 다른 방식으로 이해할 수 있게 된다. 그때 비로소 치유와 성장이 시작된다.**

나는 「골바람」의 화자가 절망의 나락에서 뚜벅뚜벅 걸어 나와 다시 새로운 힘을 얻고 살아갔음을 믿는다. 너무 아파서 보고 싶지 않은 자신의 실패와 좌절을 맞대면하면서 저토록 낱낱이 언어를 부여할 수 있는 힘을 갖고 있기 때문이다. 바로 그 힘이 스스로를 치유하고 행복이 들어설 자리를 마련해준다.

상처와 마주하는 순간, 삶은 열리기 시작한다

치유로서의 시 쓰기를 할 때는 몇 가지 주의할 점이 있다. 첫째, 현재 느끼고 있는 고통으로 인한 감정의 세밀한 결을 집요하게 만나고 할 수 있는 한 자세하게 묘사해야 한다. 둘째, 분노, 원망, 슬픔 등의 감정을 억누르거나 아름답게 표현하려고 노력하지 말고 느끼는 대로 정직하게, 있는 그대로 표현해야 한다. 셋째, 욕설과 비속어 사용을 의식적으로 피하거나 거부하지 말고 마음속에서 나오는 대로 직설적으로 표현해야 한다.

사실 상처가 클수록 그것을 맞대면하기란 더 힘들다. 상처를 대면하는 것이 오히려 더 큰 고통이 되어 자기를 쓰러뜨릴지도 모른다는 두려움이 있기 때문이다. 그래서 많은 사람이 자기를 방어하기 위해 고통을 회피하고 무의식 속으로 억압해버린다.

자신의 아픔을 다시 들추어내서 자꾸만 달아나려는 대상을 종이 위에 붙잡아두는 과정은 생각보다 많은 용기가 필요하다. 그러나 비록 힘들더라도 시 쓰기를 통해서 자신을 성찰하다 보면 새로운 프레임으로 고통을 바라볼 수 있게 된다. 그때 비로소 치유와 성장이 일어나고 새로운 삶의 지평으로 도약할 수 있다.

시 쓰기를 통해 자기의 아픔을 만나는 것은 밖에서 얻는 '아주 잠깐만 괜찮은 위로'와는 차원이 다르다. 자기의 아픔을 스스로 돌봐주며 새로운 삶으로 나아가는 성장이 동반되는 진짜 힐링이다. 새로운 존재 가능성을 스스로 찾아가는 적극적인 치유 방법이다.

시 쓰기가 고통스러운 감정을 치유하는 매우 효과적인 방법이 될 수 있음에 동의한다면 주저 말고 자기를 위한, 자기만의 시를 써보자. 처음에는 작은 고통부터 쓰기 시작하기를 권한다. 프레임의 재구성이 성공적으로 이루어지는 경험을 통해 점점 용기가 생기면 더 크고 아픈 고통도 스스로 다룰 수 있게 된다. 물론 단 한 번의 시 쓰기를 통해 삶이 바뀌는 것은 아니다. 사안에 따라 시간이 더 많이 걸릴 수도

있으며, 그럴 경우 더 많은 돌봄이 필요하다는 사실을 기억
해두자.

이별에 아파하는
당신에게

–당시, 송사

많은 시작이 있었다면
많은 이별이 생길 수밖에

사랑하는 이와의 결별은 우리가 살아가는 동안 느끼는 많은 상실 중에서도 특히나 강렬한 상실의 감정을 동반한다. 슬픔과 더불어 그리움, 자책, 원망, 후회, 죄책감, 우울, 자기혐오, 회한 등등 무어라 말할 수 없는 내면의 온갖 감정이 한꺼번에 용솟음쳐 올라 눈물 흘리게 한다. 이별이 가져다준 아픔 때문에 사람들이 흘린 눈물을 모으면 그 양이 얼마나 될까?

비 갠 긴 둑에 풀빛 무성하니
님 보내는 남포에 슬픈 노래 이네

대동강 물 언제 마를까

해마다 이별 눈물 푸른 물에 보태니

(정지상, 「송인」)

저 강물이 온통 눈물이었다. 우리네 인생에 이별이란 누구나 경험하는, 특별할 것도 없는 다반사이다. 그리고 이 세상을 살아가는 한 누구나 사랑하는 이와 헤어지게 되고 그로 말미암아 슬픔의 눈물을 흘린다. 떠나는 이와 남은 이가 함께 흘린 눈물이 도도히 흐르는 강물이 될 만큼 이별은 인생 곳곳에 편재한다.

송나라 시인 진관은 「강성자」라는 노래에서 이별로 인해 생긴 수많은 감정은 봄에 불어난 강물만큼 많은 눈물로도 씻어낼 수 없다며 그 슬픔의 깊이를 표현했다.

서성의 버들가지 봄바람에 하늘하늘

이별의 슬픔 자아내어

흐르는 눈물 거두기 어려워라

아직도 생각난다, 다정한 그대

저 나무에 돌아갈 배 매던 날

푸른 들판 붉은 다리 위 그때 그 이별

지금 그 사람은 보이지 않고
강물만 부질없이 흘러가네

좋은 시절은 머물지 않고 흘러가는데
가없는 이내 한은
언제쯤 그칠까?
꽃 지는 봄날 누각에 오르나니
봄 강이 온통 눈물이라 할지라도
다 흘러보내진 못하리라
하고많은 이내 근심

사랑하는 사람을 잃어버렸을 때 상실감은 이토록 깊
고 크다.

그런가 하면 남몰래 한 사랑이라 말할 수도 없고 남몰
래 해야 하는 이별이라 울 수도 없는, 이룰 수 없는 사랑으
로 인한 결별의 아픔을 노래한 시도 있다.

울 수 없어요
남몰래 이별해야 하기에
말할 수 없어요

남몰래 사랑하기에

우리 둘밖에 아무도 몰라

깊은 밤 새장에 갇혀 홀로 자는 새

봄날 날카로운 칼날에 잘린 연리지

탁한 황하 물 맑아질 날 있고

검은 까마귀 머리 희어질 날 있으리

오로지 남몰래 이별해야 하기에

우리 서로 기꺼이 기약 없이 헤어져야 하리

(백거이,「잠별리」)

헤어진 두 사람은 한 몸 되어 날다가 떨어진 비익조比
翼鳥요, 칼날에 잘린 연리지連理枝 같은 신세가 되었다. 도저히
감당할 수 없는 고통이기 때문에 시인은 그러한 현실을 받
아들일 수 없다. 그래서 그는 불가능한 희망의 세계로 도피
한다. 황하 물이 맑아지는 날, 까마귀 머리가 희어지는 날은
결코 오지 않는다. 결코 오지 않는 날을 희망하는 일은 얼마
나 허망한가? 부질없는 희망이라도 붙잡아야 하는 시인의
마음에 드리워진 절망의 깊이가 역설적으로 드러난다.

소동파는 이별로 인한 상실이 모든 사람의 삶에서 늘
일어나는 일상이라는 사실을 우주의 흐름과 같이 받아들였

다. 그는 추석날 저녁 둥근 달을 보며 벼슬살이로 인해 멀리 떨어져 사는 동생 소철을 그리워하며 쓴 노래 가사에서 그것을 매우 아름답게 표현했다.

붉은 누각을 돌아
비단 문에 내려와
잠 못 드는 이 비춘다
한이 있지는 않을 텐데
무슨 일로 늘 이별한 때에 둥그나?
사람에게는 슬픔과 기쁨, 이별과 만남이 있고
달에게는 어두움과 밝음, 차고 기움이 있어
예로부터 서로 들어맞기는 어려웠지
다만 오래오래 살아서
천 리 밖에서나마 고운 달 함께하기를

「수조가두」 일부)

"사람에게는 슬픔과 기쁨, 이별과 만남이 있고, 달에게는 어두움과 밝음, 차고 기움이 있다." 인생의 비환이합悲歡離合의 흐름을 달이 차고 기우는 우주적 흐름과 나란히 놓은 이 구절이 기막히게 절묘하지 않은가?

인간의 삶이 우주의 흐름을 타고 함께 흘러간다니 얼마나 신비하고 경이로운가. 우리 삶의 굴곡을 달의 주기와 함께 놓고 보니 그것의 무상함이 원래 달이 차고 기우는 일처럼 자연스러운 흐름임을 알게 된다.

아프기 때문에 어떻게 해서라도 피하고 싶었던 슬픔과 이별은 기쁨과 만남과 나란히, 그렇게 자연스럽게 태초부터 거기에 있었다. 마치 초승달, 반달, 보름달이 서로 갈마들 듯이. 그렇게 시인이 나란히 비교해놓은 것을 통해 보니 이별도 만남과 똑같이 가치 있는 경험으로 느껴진다. 만남이 사랑의 성공이 아니듯, 이별도 사랑의 실패가 아니다. 그러므로 우리는 이별의 경험도, 그로 인해 눈물 흘리는 자신도 역시 애정 어린 눈길로 바라보아야 한다.

**꽃이 진다고 슬퍼하지 마라,
곧 새싹이 움틀 것이므로**

봄을 주제로 한 한시에는 유독 봄이 가는 슬픔, 꽃이 지는 슬픔을 주제로 한 작품이 많다. 이십 대의 나는 그런 정서에 공감이 되지 않았다. 대학 시절, 주로 명품으로만 선별해서 당송시를 배웠던 그때는 정말로 이해할 수 없었다. 명작으로 꼽히는 작품 가운데 봄에 느끼는 기쁨을 노래한 시가 그렇게 드물었던 이유를. 왜 피는 꽃보다 지는 꽃이 그토록 많은 시인들의 마음을 사로잡았는지를.

지금 생각해보니 그건 아마도 이십 대였기 때문이었던 같다. 시간이 흐르고, 봄이 가고, 꽃이 시드는 그 풍경이 우리 인생에도 펼쳐진다는 것을 깨닫기 시작한 것은 삼십 대 후반이었으니 말이다. 삼십 대 후반에 접어들고 나서야 지는 꽃을 설워하는 것이 사라져가는 아름다운 것들에 대한 애도임을 어렴풋이 감지했다. 그러나 그때도 분명하게 알아채지는 못했다. 다만 그때는 그저 지는 꽃에서 내 모습을 보았고, 비로소 그 시인들의 정서에 공감하며 울었다.

그중에 김소월의 「봄비」가 특히 가슴을 후벼 팠다. 마흔을 훌쩍 넘기기까지 나는 해마다 봄이면 이 시를 읊으며 눈물짓곤 했다. 지는 꽃을 하염없이 들여다보며 사라져가는 청춘을 붙들 수 없는 안타까움과 슬픔으로 "내 몸은 꽃자리에 주저앉아 우노라"를 끝없이 되뇌며. 그때의 봄비는 봄의 눈물이었고, 꽃이 흘리는 눈물이었다.

피는 꽃의 아름다움보다 지는 꽃에 대한 안타까움이 가슴에 더 깊이 다가오자 이십 대에는 결코 이해할 수 없었던 시인들의 마음을 마침내 알 수 있었다. 그때의 내 마음은 흡사 당나라 시인 이상은의 시 「지는 꽃」과 같았다.

높은 누각에 상춘객들 다 떠나자
작은 정원에 꽃이 어지러이 날린다
구불구불 이어진 길에 분분히 떨어지며
기울어 가는 석양을 멀리 전송한다
마음 아파 차마 쓸지 못하고
눈이 뚫어져라 바라보아도 줄어만 간다
꽃은 봄 따라 사라지고
남은 것은 눈물 젖은 옷뿐

어지러이 날리며 사라져가는 꽃잎, 그 아름다움을 머물게 할 수 없어 망연자실한 채, 그 순간을 잊지 않으려고 눈이 뚫어져라 쳐다보아도 꽃은 자꾸만 사라져간다. 떨어진 꽃이 마음 아파 차마 쓸지도 못하는, 그 어떤 노력도 흐르는 시간 앞에서는 부질없고 헛되기에 눈물만 흘릴 수밖에 없는 시인처럼 그렇게 오래오래 슬픔의 감정 속에 머물러 있었다.

그때는 그것이 젊음을 떠나보내는 애도의 과정임을

제대로 인식하지 못했다. 다만 지금 돌아봐도 다행인 것은 그렇게 슬퍼하는 자신을 있는 그대로 허용해주었다는 사실이다. 나는 그 슬픔을 외면하지도 않았고 억지로 멈추려고 애쓰지도 않았다. 그저 낙화를 통해 상실감으로 인한 슬픔, 애수, 망연함, 회한, 연민과 같은 복잡한 감정을 있는 그대로 마주했다. 그것이 내가 나름대로 행했던 애도의 과정이었음을 안 것은 훨씬 나중의 일이다.

애도란 사랑하는 사람 혹은 소중한 어떤 것을 잃어버렸을 때 느끼는 총체적 감정이다. 애도를 한다는 것은 그러한 감정을 회피하거나 외면하거나 억압하거나 왜곡하지 않고, 있는 그대로 받아들임으로써 그 총체적인 감정을 잘 떠나보내는 것을 말한다.

상실감이 깊을수록 깊은 애도가 필요하다. **슬픔의 감정에 깊이 머물러 있으면서 상실로 인해 일어나는 모든 감정과 생각을 어떤 비평이나 판단 없이 있는 그대로 받아주면, 결국 그것은 저절로 하나씩 떠나간다. 슬픔도, 회한도, 억울함도, 우울함도, 분노도, 미움도 충분히 만나주면 강물에 꽃잎이 떠가듯 그렇게 떠나간다.**

사랑했던 사람이 곁에 있었던 과거, 아름답고 소중한 그 무엇이 나와 함께 있었던 과거, 혹은 간절히 원했던 꿈이나 소망을 이루기 위해 애썼던 자신의 과거를 붙잡아두지 않고 떠나보내는 것이다. 그것이 제대로 이루어지면 사랑했던 대상이 부재하는 지금, 여러 가지 이유로 그 소망을 이루지 못하고 그 꿈을 포기하게 된 지금, 현재의 세계와 새로운 관계 속으로 들어갈 수 있다.

상실의 슬픔을 애도하는 동안 우리 안에서는 자기도 모르게 치유와 성장이 일어나고, 새로운 삶의 지평으로 나아가는 경험을 하게 된다. 그때 우리는 마침내 과거의 자신과 결별하고 새로운 자기 자신으로 다시 태어난다. 그것은 일상에서 경험할 수 있는 죽음과 부활의 경험이다.

내게는 그것이 정말이지 우연한 사건으로 다가왔다. 익숙했던 한 수의 시가 전혀 다르게 해석되는 경험을 통해서였다. 송나라 여시인 이청조의 사 「여몽령」은 오랫동안 낙화의 슬픔을 노래한 가사로 읽었던 작품이었다. 그러던 어느 날, 문득 그것이 전혀 다른 차원으로 받아들여졌다. 머리로 오래 고민한 결과도 아니었다. 겉으로 보기에는 그저 그전까지 별로 주목하지 않았던 두 글자에 시선이 머물렀던 단순하고 우연한 사건에 지나지 않았다.

어젯밤 성긴 비에 바람 마구 내달렸지

깊이 잤건만 아직 남아 있는 술기운

주렴 걷는 이에게 물어보니

되려 해당화는 여전하다 하네

아느냐 모르느냐

분명 푸른 잎은 살지고 붉은 꽃은 수척할 텐데

'우소풍취雨疏風驟', 꽃이 지는 즈음에 오는 봄비란 정말 그렇다. 빗줄기는 성근데 바람은 왜 그리 미친 듯이 내달리는지, 그 봄비에 꽃은 힘없이 떨어진다. 그런데도 주렴 걷는 시녀 아이에게는 시들어가는 꽃이 보이지 않는다. 이십 대의 내가 지는 꽃을 보지 못했듯이. 그러나 시의 화자는 야위어가는 꽃잎을 안다. 밖을 내다보지 않아도 안다. 차마 내다볼 수 없어서 물었던 것뿐이다.

맨 마지막 구의 원문 '녹비홍수綠肥紅瘦'는 가는 봄의 처연함을 네 글자로 압축시킨 명구로 오랫동안 많은 시인의 격찬을 받았다. '살질 비肥'와 '수척할 수瘦' 자의 대비를 통해 시들어가는 꽃에다 청년에서 중년으로 변화해가는 사람의 모습을 묘하게 겹쳐놓은 그 솜씨. 시간이 흐르면서 퇴색해가는 꽃빛 그리고 그 위에 청춘의 빛을 잃어가는 사람의 모습이 어린다.

시의 화자는 수척해진 꽃을 보기 두려웠을 것이다. 이제 젊음은 가고 그 빛나던 아름다움도 함께 사위어가고 있으므로. 낙화를 슬퍼했던 그 시절의 나에게 이 시는 오랫동안 '홍수'에 방점이 찍힌 슬픈 노래로 이해되었다.

그러던 어느 날 문득 '홍수'라는 글자 앞에 있는 '녹비'가 눈에 번쩍 띄었다. 그 순간, 잎이 무성해지는 시간이 꽃이 지는 시간과 겹친다는 사실을 깨달았다. '홍수' 안에는 '녹비'가 내재하고 있었다. 꽃은 봄과 더불어 사라지지만 잎이 성장해 무성해지는 여름이 다가오고 있는 것이다. 그것은 달이 차고 기울 듯 자연스러운 것이었다.

계절의 변화에 따라 꽃이 피고 지고, 잎이 무성해지고, 열매를 맺는 것이 나무의 생애 주기이다. 봄·여름·가을·겨울이라는 우주의 리듬에 따라 살아가는 나무가 존재하는 방식이다. 그러므로 **낙화는 무성한 녹음으로 가기 위한 과정이다. 낙화를 통해 나무는 봄 나무와 결별하고 여름 나무가 된다. 과거의 자기가 죽고 새로운 자기로 다시 태어나는 바로 그 지점에 낙화가 있다.**

그 사실을 깨닫고 나니 이제 더 이상 내 젊음의 상실이 슬프게 느껴지지 않았다. 그것이 한편으로는 상실이지만, 다른 한편으로는 녹음이 무성한 여름을 거쳐 열매 맺는 가을로 가는 중년의 삶이 시작되었음을 알려주는 신호로 이해되었기 때문이다. 눈물과 함께 나의 청춘과 결별했던 오랜 애도의 끝에서, 마침내 나는 그것이 새로운 삶의 시작임을 알아보았다. '녹비'라는 두 글자 속에서 얻은 통찰로 인해 과거의 나를 떠나보내고 새롭게 태어난 나를 경험했다.

새로운 인식의 지평으로 나아가게 했던 그 통찰이 불현듯 내게 일어난 것은 우연처럼 보일지라도 우연히 얻어진 것이 아니다. 그 이전에 나의 상실감을 충분히 애도하는 과정을 거쳤기 때문에 가능했다고 생각한다. 우연을 가장한 필연이 바로 이런 것일 게다. 분명하게 인식하고 애도하기를 했던 것은 아니지만, 시 읽기와 더불어 과거에는 이해되지 않던 세계가 공감을 통해 이해되는 과정, 시와 더불어 슬픔 속에 머물러 있으면서 내 청춘과 이별했던 그 모든 과정이 있었기에 이러한 깨달음이 온 것이 아닐까?

새로운 세상이 열리는 것 같던 기쁨과 함께 섬광처럼 다가온 삶의 신비, 그 경이로움을 어떻게 다 표현할 수 있을까? 시인 이형기는 그것을 "결별의 슬픔이 이룩하는 축복"이라 노래했다. 그의 시 「낙화」가 마침내 내 삶 속으로 쑤욱 들어왔다.

꽃답게 죽는 청춘, '무성한 녹음과 그리고 머지않아 열매 맺는 가을을 향하여' 가야 할 때를 분명히 알고 떠나는 아름다운 뒷모습, 분분한 낙화. 결별의 슬픔 그 가장 밑바닥에는 축복이 있었다. 그 축복은 과거의 자기가 죽고 새로운 자기를 태어나게 한다. 성숙한 영혼으로 새로운 세계와 새로운 관계 속에 살아가게 한다.

'결별이 이룩하는 축복'을 받기 위해서는 먼저 그 슬픔에 머무르며 그것을 잘 떠나보내야 한다. 사랑하던 것, 소중한 것을 잃어버렸을 때 제대로 슬퍼할 것, 그때 내면에서 일어나는 온갖 불편한 감정을 외면하지 않을 것, 상실이 가져온 고통에 아파하는 자신을 연민과 애정으로 안아줄 것 등이 바로 잘 떠나보내기 위한 방법이다.

지금 돌아보니 나는 그때 떨어지는 꽃을 보며 거기에 내 모습을 투사하고, 낙화를 노래한 시를 읽으며 내 슬픔을 그 속에 옮겨놓았던 것 같다. 그 많은 시인이 지는 꽃을 슬퍼하는 시를 썼던 것도 그들 나름대로는 슬픔을 애도하는 과정이었음을 비로소 깨달았다. 대중가요가 대부분 슬픈 노래인 것도, 우리가 슬픈 노래를 더 많이 부르는 것도 다 그런 애도의 과정으로 이해되었다.

실제로 시 쓰기와 노래 부르기는 애도하기에 매우 유효한 방법이다. 논리적이고 이성적인 언어로는 설명되지 않는 삶의 진실을 시와 노래는 감각적이고 직관적으로 깨닫게 한다. 상실의 경험을 시로 적으며 애도했던 시인들처럼 우리가 느끼는 상실의 슬픔도 시로 적어보자. 산문보다 시는 특히 지금 현재 자기가 느끼고 있는 감정을 확실하게 파악하는 데 도움을 준다고 한다.

"사랑을 잃고 나는 쓰네"라고 시작되는 기형도 시인의 시 「빈집」을 떠올려보라. **그는 사랑을 잃고 느끼는 자신의 총체적 애도의 감정을 종이 위에 옮겨 적으며, 그 사랑이 안전하게 거처할 언어의 집을 지어준다.** 잃어버린 사랑이 거처하는 그 빈집에는 언제든지 다시 방문할 수 있다. 걸어 잠근 빗장을 열고 그곳에 들어가 거기에 있는 애도의 감정을 다시 대면하고 그들과 대화할 수 있다.

그곳은 모든 주체할 수 없는 슬픔과 고통을 안전하게 꺼내놓을 수 있는 곳이다. 그렇게 여러 차례 방문하고 그때마다 느껴지는 감정을 적다 보면 어느 날 문득 예기치 못한 상황에서 새로운 통찰이 찾아온다. 애도하는 동안 내적 치유와 성장이 일어나기 때문이다. 마치 내가 「여몽령」을 새롭게 읽을 수 있게 된 사건처럼 삶이 그 신비를 눈앞에 드러내 보여줄 것이다.

낙화는 무성한 녹음으로 가기 위한 과정이다.
낙화를 통해 나무는 봄 나무와 결별하고 여름 나무가 된다.
과거의 자기가 죽고,
새로운 자기로 다시 태어나는 바로 그 지점에 낙화가 있다.

모든 슬픔을
이야기로 직조할 수 있다면

애도를 통해 새로운 삶의 지평에 이르렀을 때 새롭게 읽힌 시가 또 있다. 제대로 애도를 하면 자신의 과거와 진정한 화해에 이르게 한다는 사실을 알게 해준 작품이다.

> 비단 거문고는 까닭 없이 오십 줄이나 되어
> 한 줄 한 괘마다 지난 청춘 생각나게 하는지
> 장자는 새벽꿈에 나비에 미혹되었고
> 망제는 춘심을 두견새에 맡겼지
> 푸른 바다에 달이 밝으면 진주는 눈물 흘리고
> 남전에 햇빛 따스하면 옥에서 연기 피어나지
> 이런 느낌 언젠가는 추억이 되겠지만
> 그때는 다만 망연하기만 했었지
>
> (이상은, 「금슬」)

슬瑟은 오십 개의 현이 달린 악기 이름이다. 『한서』에는 태제가 오십 개의 현이 내는 소리가 너무 슬퍼 견딜 수 없으니 스물다섯개의 현으로 고치라고 했다는 기록이 있다.

그만큼 소리가 슬픈 악기였다. 거문고琴와 함께 연주할 때 소리가 가장 아름답고 조화롭기 때문에 이 두 악기를 나란히 놓아서 만들어진 단어 '금슬琴瑟'은 예로부터 화목한 부부 사이를 비유하는 말로 쓰인다.

이 시의 제목인 금슬의 '금'자는 '비단'이라는 뜻이다. 악기 이름 앞에 붙은 '비단 금'자는 악기를 수식하는 말이며, 악기에 곱게 채색도 하고 비단 끈으로 장식도 한 것을 의미한다. 그러니까 금슬은 아주 아름답게 장식된 '슬'이라는 악기를 말한다.

첫 번째 연은 슬의 연주를 들으며 지난 과거를 연상한다. 줄 오십 개가 각각의 음조로 소리를 낼 때마다 옛일이 하나씩 의식의 수면 위로 떠오른다. 그런데 왜 하필이면 공교롭게도 나이 오십과 꼭 맞아떨어지는 오십 개의 현인가? 그 많은 현이 오래오래 옛일을 생각하게 만든다.

화자에게 하나씩 떠오르는 옛 기억에는 좋은 추억보다는 감추고 싶은 기억이 더 많은 것 같다. '까닭 없이無端'이라는 단어에 괜스레 악기를 원망하는 마음이 묻어나기 때문이다. 나이 오십에 돌아본 청춘 시절은 어땠을까? 왜 고요한 수면에 파란을 일으키는가?

시인은 이어지는 구에 섬세하고 촘촘하게 네 개의 이

미지를 만들어놓았다. 그 이미지가 전달하는 느낌으로 기억 속의 사건을 상상하게 한다.

첫 번째 이미지는 장자가 꿈에 나비가 되어 날아다니다 깨어나서는 자기가 나비가 된 꿈을 꾼 것인지, 나비가 장자가 된 꿈을 꾼 것인지 헷갈렸다는 이야기에 기대고 있다. 꿈에서 깨어나 현실인지 꿈인지 그 진환眞幻이 아직도 모호한 옛일이 연상된다. 아무리 생각해봐도 꿈 같기만 한 일, 아무리 기억을 더듬어 보아도 이해할 수도 설명할 수도 없는 그런 과거지사가 누구에게나 하나쯤은 있지 않은가?

두 번째 이야기는 촉나라 왕 망제에 얽힌 전설이다. 그는 신하의 아내를 사랑하다가 들켜서 부끄러운 마음에 달아나 울다 지쳐 죽었다. 한 맺힌 그의 영혼은 두견이라는 새가 되어 밤마다 '불여귀不如歸(돌아가는 게 낫다는 뜻)'라 부르짖으며 목구멍에서 피가 나도록 울었다. 훗날 사람들은 이 두견새를 망제의 죽은 넋이 화한 새라 하여 촉혼蜀魂이라 불렀으며, 원조怨鳥, 두우杜宇, 귀촉도歸蜀途, 망제혼望帝魂이라고도 했다. 우리에게는 서정주 시인의 시 「귀촉도」로 익숙한 이야기다.

이루지 못한 사랑의 아픔으로 피울음을 토하는 새처럼 한스러운 일. 우리네 인생을 뒤돌아보면 가슴 한편에 그런 한 하나쯤 묻어놓고 살지 않는 사람이 있을까? 원치 않았던 결별의 한, 그것은 아직도 늘 귀에 들리는 대중가요의 익숙한 주제가 아닌가?

세 번째 연은 시간이 흘러가도 여전히 슬픔으로 남아 눈물 훔치게 하는 지난 일을 연상하게 한다. "진주에 눈물이 있다珠有淚"는 이야기는 한나라 장화의 『박물지』에 나오는 중국판 인어 이야기에서 유래했다. 남해 끝 물속에 사는 인어, 교인鮫人이 눈물을 흘리면 그 눈물이 진주가 된다는 이야기다. 눈물이 진주가 된다는 이 신화 같은 이야기는 '아름다운 슬픔'이라는 역설을 담고 있다. 슬픔의 눈물이 진주가 된다는 것은 고통과 슬픔 속에 빛나는 보석이 숨어 있다는 은유로 읽힌다.

네 번째 이미지는 남전의 풍경을 끌어왔다. 남전은 지금의 산시성 남전현에 있는 산 이름이다. 옥돌이 생산되는 그 산꼭대기에는 따스한 햇볕이 내리쬐는 날이면 연기가 아지랑이처럼 피어오른다고 한다. 멀리서 보면 보이는데 가까이 가 보면 보이지 않는 아지랑이는 경화수월鏡花水月과 같다. 거울에 비친 꽃과 물에 비친 달처럼 눈에는 보이지만 손에 잡을 수는 없었던 것, 말로 표현할 수는 없고 마음으로만 감지되는 아련하고 모호한 지난 일……

금슬의 슬픈 가락이 불러일으킨 젊은 시절의 기억은 아직도 사실처럼 믿어지지 않는 일, 가슴에 깊은 한으로 남은 것, 지금 다시 기억해보아도 여전히 슬픈 것, 분명하게 그 실체를 파악할 수 없는, 잡으려 해도 잡히지 않는 아련한 것들이다. 그런 기억, 미망, 회한, 슬픔, 아련함 등이 혼재하는, 도무지 무어라 설명할 수 없는 감정을 불러일으키는 일들은 시간의 흐름이 더해져 모두 아름다운 추억이 될 것이다. 추억은 언제나 시간과 더불어 재구성되고 아름답게 채색되므로.

그렇다면 맨 마지막 구의 "그때는 다만 망연하기만 했었지"라는 말은 어떤 심정이었을까? 금슬의 곡조와 함께 떠오르는 청춘 시절은 그다지 자랑스럽고 만족스럽지 않다. 오히려 꺼내보기 고통스러울 정도다. 그 못난 모습을 바라보며 그때는 다만 어쩔 줄을 몰랐다고 스스로에게 말해주는 것은 어떤 마음일까?

내가 보기에 그것은 지금까지 스스로 용서하기 힘들었던 과거의 자기를 이해하고 수용하는 것이다. 지금까지도 상처로 남아 있는 그 사건을 맞닥뜨렸던 그 당시의 자신으로서는 그것이 최선이었음을 알아주는 것이다.

그때 좀 더 현명했어야 했는데, 그때 그러지 말았어야

했는데…… 긴 세월 동안 과거의 행동을 끊임없이 검열하며 자책하고 자신을 혐오했던 데서 벗어나, 이제 마침내 그때의 못난 모습을 있는 그대로 받아들이고 자기 자신과 진정으로 화해하는 것이다.

철학자 한나 아렌트는 "모든 슬픔을 이야기로 만들거나 그 이야기를 말할 수 있을 때 우리는 그 고통을 견딜 수 있다"고 했다. 사랑하는 대상을 잃어버린 상실의 슬픔을 시로 적는 작업은 많이 힘들고 아프다. 그럼에도 불구하고 그 슬픔을 외면하거나 감추지 않고 잘 어루만지며 애도하는 것은 피터 마이어가 노래한 「재패니즈 볼」처럼 금이 간 찻잔을 금金으로 때우는 것과 같다. 여기저기 생긴 금들이 금빛으로 빛나는 선이 되어 완전히 다른 아름다움을 지닌 찻잔이 되는 것처럼, 애도의 과정을 통해 과거의 자기가 죽고 새로운 자기로 태어나는 부활의 신비를 경험할 것이다.

그러니 이제 상실로 인한 마음의 상처도 몸에 상처가 났을 때처럼 돌봐주자. 슬프면 슬프다고 말하자. 타인에게 슬프다고 할 수 없을 때에는 글로 적어서 슬프다고 말해보자. 그 슬픔을 시로 적어보자. 누구나 자기의 슬픔을 노래하는 시인이 될 수 있다. 그렇게 적다 보면 어느새 상처가 아물고 새살이 돋는 날이 반드시 찾아올 것이다.

여덟 번째 숲

지금 괴롭다면
잘되고 있는 중이다

-주역

모든 것이 변한다는
그 사실만은 변함이 없다

이십 대의 어느 즈음에 나는 문득 '제행무상諸行無常'을 사무치게 느꼈다. '모든 존재하는 것은 변한다.' 세상에 영원한 것이라곤 하나도 없음을 자각한 바로 그때 허무의 바람이 가슴에 불어왔다. 그 바람이 내 안에 잠자고 있던 슬픔을 깨웠다.

나 자신과 내 삶은 물론이고 눈에 보이는 모든 것이 다 허무하게만 느껴졌다. 마음 깊은 곳에 "헛되고 헛되도다. 모든 것이 헛되도다"라는 탄식이 우울과 함께 자리했다. 이 세상에서 살아가는 삶이 다 허망하고 의미 없어 보였다. 그 때 나의 눈에는 사라져가는 것들만 보였다. 지는 꽃을 보며 모든 사라져가는 것들의 순간적인 아름다움을 오래오래 슬퍼했다.

그러나 사십 대 초입에 들어선 어느 날, 지는 꽃이 여름의 무성한 잎과 가을의 아름다운 열매를 기약하는 과정으로 경험되었을 때, 낙화에 내재하는 결실이라는 역설을 알아보았다. 그러자 제행무상에 내재하는 희망의 빛이 보였다. 놀라운 신세계가 열리는 느낌이었다. 허무와 희망이라는 완전히 다른 차원의 지평이 제행무상 속에 함께 자리하고 있었다.

희망이 어디에 있다고 믿는가? 대개는 우리가 할 수 있는 일 안에 있다고 믿을 것이다. 가장 어두울 때, 고통이 극에 달할 때, 더 이상 우리가 할 수 있는 일이라고는 아무것도 없는 가장 무력한 바로 그 순간에 우리는 "희망이 없다"라고 말하니까.

정말로 희망이란 게 우리가 할 수 있는 일 속에 있을까? 나의 할머니는 당신이 살아온 이야기를 하실 때면 늘 "하늘이 사람에게 죽으라고 하는 법은 없다"라고 덧붙이신다. 그렇게 인생길 막다른 골목에서 절망으로 무릎이 꺾일 때 어김없이 나타나는 희망의 빛이 있다.

"하늘이 무너져도 솟아날 구멍이 있다"라는 익숙한 속

담이 있다. 하늘이 무너졌는데 사람이 할 수 있는 것이 있을까? 중국 신화에 여신 여와가 구멍 난 하늘을 돌로 막아서 홍수에 빠진 세상을 구제했다는 이야기가 있다. 구멍 난 하늘을 보수하는 데도 여신의 능력이 필요한데 하물며 하늘이 무너진 때에 사람이 무엇을 할 수 있겠는가? 그런데도 솟아날 구멍이 있다고 한 것은 우리의 능력 바깥에 무언가가 있다는 뜻일 것이다.

희망은 우리가 할 수 있는 일, 우리의 능력 안과 같이 예측할 수 있는 곳에 있지 않다. 그것이 삶의 진짜 모습이다. 그렇다면 희망은 어디에 있는 것일까? 이 물음에 대한 대답을 오래된 경전『주역』에서 들어보자.

『주역』은 중국 사유의 원류이자 동양적 사고의 보편적 형식을 담고 있는 텍스트이다. 그것은 한 개인에 의해 이루어진 사유의 결과물이 아니라, 오랜 세월에 걸친 경험이 축적되어 구성된 지혜이다. 전통적 시각에서는 복희씨가 팔괘를 만들었고, 신농씨가 팔괘를 상하로 겹쳐 육십사괘六十四卦를 만들었으며, 주나라 문왕이 육십사괘를 설명한 괘사卦辭를 썼고, 그 아들 주공이 각 괘를 이루는 여섯 개의 효를 설명한 효사爻辭를 썼다고 한다.

이렇게『주역』의 경문은 긴 역사에 걸쳐 서서히 이루

어졌다고 한다. 그리고 그 후 공자가 『주역』의 경문에 대한 해설서인 열 편의 전(傳), 「단전」 상하, 「상전」 상하, 「문언전」, 「계사전」 상하, 「설괘전」, 「서괘전」, 「잡괘전」을 지었다고 한다. 이 열 편의 전을 통칭해서 열 개의 날개, '십익+翼'이라고 한다.

현대 학자들은 『주역』의 형성 과정에 대한 전통적 견해를 믿을 수 없다고 본다. 오래전부터 전승되어 오는 많은 경전처럼 『주역』도 오랜 시간에 걸쳐 여러 사람의 생각이 섞여서 이루어졌으며, 적어도 전국시대 말 즈음에 현재 통용되는 텍스트로 완성되었다고 추정한다.

잘 알려진 바와 같이 『주역』의 경문에 해당하는 내용은 점복占卜과 관련된다. 즉 점을 쳐서 얻은 결과를 문자로 기록한 것이다. 그것은 공자 시대에 이미 이해하기 어려운 말이 되어버린 것 같다. 그래서 경을 해석하는 '열 개의 날개'가 만들어졌다. 전은 경에 대한 해석이다. 그것은 『주역』 텍스트의 원형인 점복에 관한 내용을 춘추전국시대에 철학적으로 사유한 해석의 결과물이다.

『주역』은 '주나라의 역'이라는 뜻이며, 한나라 때 유가의 경전이 되면서 『역경易經』이라고도 불렀다. '역易'이라는 글자는 '변화하다, 바뀌다'는 뜻이다. 『설문해자』에 인용된

『비서』에 의하면 '일日' 자 아래에 '월月' 자를 더한 글자로, 해는 양을 상징한다고 해석한다. 특별히 해와 달의 변화는 시간의 흐름과 깊이 연관되어 있다.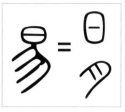

• 易=日+月

따라서 '역'은 시간의 흐름에 따른 '변화'를 뜻한다고 할 수 있다.

　『주역』은 '변화'의 법칙을 궁구한 철학적 사유의 결과물이다. 변화에 대한 인식의 시작은 "모든 존재하는 것은 변화한다"라는 것에서 출발했다. 그리스의 헤라클레이토스가 "모든 것이 변한다는 것, 그 사실만은 변함이 없다"라고 했던 것이나 불교의 삼법인三法印 중 하나인 제행무상과 서로 일치한다. 모든 존재하는 것은 어느 것 하나 예외 없이 변한다는 사실을 경험적으로 인식하면서 변화의 법칙에 대한 사유가 시작되었다. 철학이 시작되었던 것이다.

　『주역』은 세상 만물의 변화 법칙을 '빛과 그늘', 즉 '음양陰陽'이라는 두 개의 상징을 통해 설명한다. 음양의 탄생과 변화에 대한 『주역』의 원리를 알기 위해서는 「계사전」을 보아야 한다.

역에 태극이 있으니 이것이 양의兩儀를 낳고, 양의가 사상四象
을 낳고, 사상이 팔괘八卦를 낳는다.

양의는 바로 음양을 말한다. 『주역』에서 음은 '--', 양
은 '—'으로 표시하고 이 기호를 효爻라고 부른다. 위의 예시
문을 그림으로 그리면 아래와 같다.

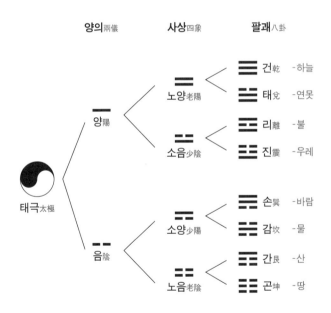

태극이 음과 양이라는 '양의'을 낳고, 그 음효와 양효

위에 다시 음효와 양효를 각각 하나씩 올려놓으면 바로 양의가 낳은 '사상'이 된다. 아래에서부터 음음은 노음(태음), 음양은 소양, 양음은 소음, 양양은 노양(태양)이 된다. 우리에게 익숙한 사상의학의 '사상'이 바로 이것이다.

노양, 소음, 소양, 노음 위에 각기 음효와 양효를 하나씩 더 얹으면 사상으로부터 건, 태, 리, 진, 손, 감, 간, 곤의 팔괘가 생겨난다. 팔괘는 사물의 존재 양상을 나타내는 것으로 각각 하늘, 연못, 불, 우레, 바람, 물, 산, 땅을 상징한다.

이 여덟 가지 사물은 우주 만물을 구성하는 요소이기도 하다. 인도 브라만교나 불교에서는 세계를 구성하는 요소를 '사대四大'라고 하여 흙地, 물水, 불火, 공기風를 꼽는다. 그리스 철학자 엠페도클레스 역시 세계가 물, 불, 흙, 공기, 네 원소의 사랑과 다툼으로 생겨났다고 했다. 팔괘도 비슷한 것을 서로 묶으면 결국 물(연못), 불(우레), 땅(산), 하늘(바람)으로 정리된다.

다만 팔괘는 이 네 가지 요소를 다시 음양이라는 성질에 따라 나눔으로써 여덟 가지가 된 것이다. 그래서 같은 물이지만 물은 양, 연못은 음의 속성을 지닌다. 팔괘의 음양은 다음 장에 나올 표와 같다.

양	건☰ 하늘	간☶ 산	감☵ 물	진☳ 우레
음	손☴ 바람	곤☷ 땅	태☱ 연못	리☲ 불

팔괘는 음(--)과 양(-)이 짝이 맞아 떨어지지 않는 세 개의 효로 이루어져 있다. 그래서 삼획괘라고 부른다. 세 개의 효는 내적인 음양 불균형으로 인해 유동적이며 이 때문에 끊임없이 변화한다. 모든 존재하는 것은 변한다는 사실이 그 안에 오롯이 담겨 있다.

이 팔괘를 상하로 겹쳐서 만드는 육십사괘는 팔괘가 각각의 사물을 상징하는 것과 달리 상황이나 사건을 상징한다. 즉 두 가지 자연물을 위아래로 결합하여 하나의 상황을 나타내는 것이다.

• 지천태괘

태괘를 보면 상괘가 땅을 상징하는 곤괘이고 하괘가 하늘을 상징하는 건괘이다. 그래서 이 괘를 읽을 때 '지천태괘'라고 한다. 태괘는 땅이 위에, 하늘이 아래에 있는 모습이다. 그것은 천지가 뒤집힌 형상이니 우리의 일반적인 상식에 비추어 보면 매우 위태롭고 불길한 이미지이다. 그런데 뜻밖에도 태괘의 괘사는 "작은 것이 가고 큰 것이 오니 길하고 형통하다小往大來吉亨"이며 육십사괘 중에서 가장 이상적인 괘로 꼽힌다.

땅은 음의 기운이므로 아래로 향하고, 하늘은 양의 기운이므로 위로 향하여서 서로 만나기 때문이다. 그래서 「단전」에서는 이를 "하늘과 땅이 만나서 만물이 통하고, 위와 아래가 만나서 그 뜻을 같이한다"라고 해석했고, 「상전」에서는 "하늘과 땅이 교합하니 태평하다(천지교태天地交泰)"라고 해석했다. 과거 경복궁에서 중전이 거처하는 건물이었던 '교태전交泰殿'은 바로 이 '천지교태'에서 유래했다.

지천태괘와 괘상이 정반대인 괘가 바로 천지비天地否괘이다. '비否'는 '아니다, 부정하다'라는 뜻으로 읽을 때는 '부'로 읽지만 '막혀서 통하지 않다'라는 뜻일 때는 '비'로 읽는다. 태괘와 반대로 하늘이 위에, 땅이 아래에 있는 비괘의 이미지는 매우 자연스럽게 느껴진다.

• 천지비괘

　　그러나 비괘의 괘사는 "군자가 올바름을 펴기에 이롭지 않다. 큰 것이 가고 작은 것이 온다不利君子貞, 大往小來"라고 하므로 그리 좋지 않은 괘로 여겨진다. 하늘은 위로 향하고 땅은 아래로 향하므로, 둘 사이는 멀어지기만 할 따름이기 때문이다. 비괘의 「단전」은 "하늘과 땅이 서로 만나지 못하여 만물이 통하지 않으며 위와 아래가 만나지 못하여 천하에 나라가 없다. (⋯) 소인의 도는 장성하고 군자의 도는 소멸한다"라고 해석했다.

　　이처럼 『주역』은 음양이 착종된 괘를 통해 인간 삶의 다양한 모습을 드러낸다. 간단하게 설명해보자면 건괘(☰) 두 개를 상하로 겹친 중천건重天乾(䷀)괘부터 화괘(☲)와 수괘(☵)를 상하로 겹친 화수미제火水未濟(䷿)괘까지 총 예순네 개의 괘는 인생길 어느 구비에서 한 번쯤 만날 법한 예순네 가지 상황을 상징한다.

　　『주역』의 경문에는 각 괘의 전체적인 상황을 설명하는

괘사가 있고, 또 괘를 구성하는 여섯 개의 효를 설명하는 효사도 있다. 육십사괘 중에서 위에 든 비괘의 효사를 보기로 하자. 각 괘의 효는 아래에서 위로 올라가며 읽는다.

1. 음효 : 띠풀을 뽑으면 뿌리가 엉켜 있는 것과 같다. 그 무리와 하나 되어 참고 견디면 길하다.

2. 음효 : 물려받은 것을 간직하면 소인은 길하고 대인은 막힌다.

3. 음효 : 간직하고 있으면 부끄러워진다.

4. 양효 : 하늘의 명을 얻으면 허물이 없다. 무리가 복을 만날 것이다.

5. 양효 : 막힌 형세가 그친다. 대인이면 길하다. 이 조짐이 사라질까 조심조심하면 뽕나무에 매어두듯 견고해진다.

6. 양효 : 막힌 형국이 기울어진다. 처음에는 막혀 있었지만 뒤에는 기쁨이 있다.

비괘의 괘사가 길하지 않으니 각 효사도 전부 길하지 않을 것 같지만 각 효의 효사는 길흉이 교차한다. 그러므로 『주역』의 괘는 좋은 괘와 나쁜 괘가 정해져 있지 않다. 어느 괘도 딱히 좋거나 딱히 나쁘다고 할 수 없다.

위에 예시한 효사를 자세히 보면 주로 "A하면 B한다"는 형식을 갖고 있다. 즉 A라는 조건에 따라 B라는 결과가 결정된다. 이러한 어법은 결국 『주역』의 괘가 이미 결정된 운명을 예측하여 보여주는 것이 아님을 알려준다.

『주역』에 나오는 B라는 결과를 귀납해보면 '길흉회린吉凶悔吝'과 '무구無咎'로 정리된다. '회'는 '후회하다'는 뜻으로 매우 곤란한 경우를, '린'은 곤궁하다는 뜻으로 골칫거리, 일이 어렵게 꼬이는 경우를 가리킨다. '무구'는 탈이 없다는 뜻이다.

「계사전」에는 "길흉이라는 것은 잃고 얻음을 말하는 것이고, 회린은 작은 하자를 말하며, 무구란 잘못을 잘 고치는 것을 말한다"라고 했다. 결국 네 가지 결과 중에 '길'은 원하는 것을 얻은 것, 흉은 원하는 것을 얻지 못한 것이며 이를 제외한 나머지는 크게 좋지도 크게 나쁘지도 않은 상황이라 볼 수 있을 것이다.

결국 괘는 우리가 맞닥뜨리는 구체적인 상황의 전체적인 형국을 상징하며, 그 안에 있는 여섯 개의 효는 그 상황이 시간에 따라 변화해가는 과정을 말해준다. 그것은 "A하면 B한다"의 형식으로 개인이 처한 상황에서 취할 수 있는 이상적인 행위 방식을 알려준다.

다시 말해 『주역』은 이미 결정된 숙명을 예측해서 보여

주는 대신, 주어진 상황 속에서 최선의 가치를 창출해내기 위한 새로운 프레임을 제시해준다. 지금까지와는 다른 새로운 관점을 통해 길흉회린의 결과를 만드는 조건을 다시 들여다보라는 것이다. 그때 비로소 자신의 삶과 자신의 마음을 깊이 성찰하게 된다. 그래서 옛사람들은 『주역』을 마음을 씻어주는 경전, '세심경洗心經'이라고 불렀다.

**겨울이 깊을수록 봄이 가까워지고,
닫힌 문은 언젠가 다시 열린다**

그렇다면 『주역』은 이 세상 만물이 변화하는 법칙을 어떻게 파악하고 있을까? 『주역』에 드리워진 온갖 신비주의적 색채와 난해함으로 인해 지레 겁먹을 필요는 없다. 『주역』이 우리에게 가르쳐주는 변화의 법칙은 의외로 매우 간단하다.

한 번은 음으로, 한 번은 양으로 변하는 것을 도道라고 한다.

『주역』에서 음(그늘)과 양(빛)은 성질과 속성이 다르기는 하지만 그로 인한 가치의 우열은 없다. 음과 양이 각각 교대로 갈마드는 것, 일음일양一陰一陽이 음양의 운동 법칙이며 모든 변화의 기본이다.

음이 움직여 점점 자라나면(젊은 음, 소음) 양은 차츰 줄어들고, 음이 극에 달하면(늙은 음, 노음) 반대로 양이 생겨나 자란다(젊은 양, 소양). 양이 점점 자라 극에 달하면(늙은 양, 노양) 다시 음이 생겨 자라난다. 이것이 '일음일양'이다. 어떤가? 『주역』에서 말하는 도라는 것이 믿기지 않을 정도로 간단하지 않은가?

한 번은 닫고 한 번은 여는 것을 변화라고 하며, 오고감이 끝없는 것을 통한다고 한다. 역이란 궁하면 변하고, 변하면 통하고, 통하면 오래간다.

(『주역』「계사」)

한 번 열리면 반드시 닫힌다. '일음일양'이 변화의 법칙이다. 그렇게 가고 오는 것이 끊임없이 계속되는 것을 통한다고 한다. '궁窮'은 양적 변화와 양적 축적이 극에 달한 상태를 말한다. 소음과 소양은 음양의 성질이 변하지 않는 불변효不變爻이다. 이 단계는 음이나 양이라는 성질은 변하지 않고 양적인 변화만 일어나는 단계이다. 이것이 다 자라서 극에 달한 상태가 바로 노음과 노양이다. 노음과 노양은 음양의 성질이 바뀌는 변효變爻이다. '일음일양'의 법칙에 따라 노음은 소양으로, 노양은 소음으로 성질이 바뀌는 질적 변화가 일어나기 때문이다.

소음과 소양의 양적 변화가 극에 달하는 노음, 노양의 단계가 바로 '궁'인 상태이다. 그것은 또한 양적 팽창이 질적인 변화로 바뀌는 시점이기도 하다. 그래서 궁하면 변한다고 한 것이다. 질적인 변화를 통해 그 이전과는 다른 새로운 지평이 열리는 것이 바로 '통通'이다. 그렇게 새로운 지평이 열리면 상황은 새로운 국면으로 전개된다. 그 국면이 극에 달하면 다시 변하여 새로운 지평이 열리고, 그렇게 끊임없이 새로워지면 오래간다久.

'일음일양'에는 양이 극에 달하면 음으로 돌아가고, 음이 극에 달하면 양으로 돌아가는 법칙이 들어 있다. '극에 이르면 되돌아간다', 즉 '물극필반物極必反'이 그것이다. 모든 존재하는 것의 운동 법칙은 극에 달하면 반대로 되돌아간다는 것이다.

그 변화는 봄·여름·가을·겨울이 순환하듯이 끝없이 계속된다. 그것을 '항구불이恒久不已'라고 한다. 그래서 끝이 있으면 반드시 시작이 있다. 그것이 '종즉유시終則有始'이다. 영원한 끝은 없는 것이다. 오늘의 해가 지면 내일의 태양이 뜨는 것처럼 이 세상 만물의 전개 과정은 끝과 시작이 맞물려 쉼 없이 돌아간다.

옛사람들은 이러한 법칙에 따라『주역』의 괘로써 시간의 흐름을 설명했다. 일 년 열두 달 이십사절기를 괘로 나타내면 아래 그림과 같다.

한 해의 시작인 정월에는 봄의 시작을 알려주는 절기

인 입춘이 있다. 정월에 해당하는 괘는 아래에 양효가 세 개이고 위에 음효가 세 개인 태괘이다. 아래서부터 양이 자라나 이미 세 개나 되었을 때이다. 2월은 양효가 네 개로 자라난 대장괘이며 춘분이 이에 해당한다. 사실 춘분은 낮과 밤의 길이가 같은 날이니, 음효와 양효의 개수가 대등한 태괘가 여기에 해당하는 것이 합리적으로 보인다. 그러나『주역』은 이 절기가 이미 양의 성장세가 음의 세를 넘어선 지점임을 보여준다.

양효가 계속 양적인 팽창을 하며 여섯 개로 자라나 극에 달하는 시기가 바로 4월이며, 입하가 이에 해당한다. 하지가 되면 건괘에서 구괘로 바뀌는 질적인 변화가 생기는 것을 볼 수 있다. 하지, 낮이 가장 긴 그때, 양의 기운이 극에 달한 바로 그때에 맨 아래에 음이 생겨난다. 양효가 극에 달하여 음으로 질적인 변화가 일어나는 시점이 하지라는 것이 역설적이지 않은가?

게다가 우리가 더위의 극치를 느끼는 시점인 소서와 대서의 절기는 이미 음효가 두 개로 자라난 시점이라는 사실은 더욱더 역설적이다. 낮이 가장 길 때, 가장 더울 때, 양의 기운이 가장 극성한 것처럼 느껴지는 그때에 사실은 이미 서늘한 음의 기운이 그 아래에서 자라고 있다니 놀랍지 않은가?

　겨울도 마찬가지이다. 밤이 가장 긴 동지는 맨 아래 양효가 생겨난 복괘에 해당한다. 양적 팽창이 극에 다다라 어둠이 가장 길고 캄캄한 그때 빛이 생겨나는 질적 변화가 일어남을 보여준다. 새로운 시작은 동지에 이미 태동하고 있다. 그래서 "동지가 지나면 푸성귀도 새 마음 든다"는 속담도 있고, 동지를 '작은 설'이라고 부르며 한 해를 정리하고 새해를 맞이할 준비도 했던 것이다. 『주역』이 동짓달을 천간의 시작인 자월子月로 삼은 것도 같은 이유이다.

• 지뢰복괘

　하늘의 시간은 땅에 발붙이고 사는 사람의 시간보다 먼저 움직인다. 이 변화의 기미를 미리 아는 것, 그것이 『주역』이 우리에게 주는 지혜이다. **아직 소한 대한의 혹독한 추위를 견뎌야 하지만, 그 속에 빛이 자라고 있음을 아는 것은 엄동설한 속에 봄볕이 싹트고 있음을 볼 줄 아는 것이다.**

흐름을 거스르지 않을 때
삶은 비로소 자유로워진다.

결국

이 또한 지나가리라

이것을 우리 인생에 비추어보자. 끝이 보이지 않는 암흑의 시기를 겪고 있을 때, 느닷없이 운명이 던진 돌에 맞아 쓰러졌을 때, 복괘는 우리에게 '물극필반'이라는 변화의 법칙을 알려준다. 이제 더 이상은 견딜 수 없을 것처럼 보이는 절망적인 상황일 때, 바로 그때 변화는 이미 시작되었음을 일러준다.

정도전의 시「매설헌도」는『주역』이 일러주는 이러한 삶의 지혜를 노래한다.

아련한 고향 산 예장나무 그늘지고
대지에 찬바람 불어 눈마저 깊이 쌓였는데
한가로이 창가에 앉아 주역을 읽노라니
가지 끝에 흰 꽃 하나, 하늘 뜻을 보이네

한겨울 추위 속에 핀 흰 꽃 한 송이는 바로『주역』이 가르쳐주는 하늘 뜻天心을 보여준다. 눈 속에 핀 흰 꽃과 복괘의 맨 아래에 생겨난 양효의 이미지가 겹친다. 매서운 추위에 꽁꽁 얼어붙은 대지, 아무것도 살아 움직이지 않는 것처럼 보이는 한겨울에 시인은 한 송이 가녀린 꽃을 통해 어둠과 추위의 정점에서 이미 봄으로 가는 변화의 기미를 본 것이다.

한겨울에 핀 흰 꽃 한 송이, 동짓날 캄캄한 밤에 깃드는 한 자락 빛, 바로 거기에 희망이 있다. 눈에 보이지 않을 뿐이지, 아무리 캄캄한 어둠 속일지라도 희망의 빛은 어김없이 존재한다. 그것이 바로 하늘 뜻이다.

이 세상 만물이 변화하는 법칙을 밝힌 『주역』은 이렇게 말한다. '모든 존재하는 것은 변한다' '일음일양' '물극필반' '종즉유시' '항구불이', 희망은 바로 이러한 변화의 법칙 속에 있다고. **변하지 않고 고정되는 상황이란 없다. 고통과 절망의 시간이 아무리 길게 느껴진다고 해도 그것은 바뀌게 되어 있다. 그것이 바로 '제행무상'이다.**

그 변화는 역설적이게도 반대 극을 향한다(물극필반). 그래서 한 번은 화가 닥쳤다면 그다음 번엔 복이 오는 법이다(일음일양). 노자는 그것을 일러 "화에는 복이 기대어 있고, 복에는 화가 숨어 있다禍兮福之所倚, 福兮禍之所伏"라고 했다.

『주역』의 프레임으로 보면 고통 속에는 아픔과 상처만 있는 것이 아니라 반드시 긍정적인 의도가 있으며, 기쁨 속에도

이미 슬픔이 깃들어 있음을 알 수 있다. 따라서 이 세상에 사는 동안 우리가 마주하는 어떤 경험도 완전히 다 나쁘기만 한 것도 없고, 무조건 다 좋기만 한 것도 없다. 이 법칙을 기억한다면 고통 속에 있을 때조차도 그를 통해 열리는 새로운 지평을 기대할 수 있으며, 설레는 마음으로 그 시간을 견딜 수 있다. 그러면 고난 속에서도 삶이 주는 기쁨, 아름다움, 신비를 알아볼 수 있는 안목이 생긴다.

이분법적 세계관으로 보았을 때 빛과 그늘은 서로 반대되는 대극對極으로 보인다. 그러나 『주역』의 관점에서 보면 빛과 그늘은 서로를 배척하거나 적대하는 관계가 아닌 대대待對적인 관계에 있다. 빛과 그늘은 상대의 존재가 전제될 때 비로소 존재할 수 있는 것이다.

그러므로 음양의 대대적인 관계 속에는 상대가 존재해야만 비로소 자기도 존재할 수 있는 '그대 있음에 내가 있는' 사랑이 존재한다. 시인 천상병은 시 「꽃밭」에서 "그 밝음과 그늘이 / 열렬히 사랑하고 있다"라고 노래했다.

• 태극 문양

'열렬히 사랑하는 밝음과 그늘'이라는 통찰을 얻자 일
상생활 곳곳에서 보이는 태극 문양이 예사롭게 보이지 않
았다. 빛과 그늘이 서로 뜨겁게 포옹하며 열렬히 사랑하고
있는 모습으로 보였다. 캄캄한 어둠 속에 깃든 빛, 환한 빛
속에 깃든 어둠이 가슴 뭉클한 감동으로 다가왔다.

전에는 무심하게 보았지만 이제는 그것을 볼 때마다
음양의 대대적 관계 속에 사랑이 존재한다는 사실을 떠올
린다. 길흉, 화복, 빛과 그늘, 이런 대극적인 것들이 사실은
서로 사랑하는 관계에 있음을 기억하자 아무리 어둡고 절
망적인 상황일지라도 그것이 내 삶에 가져올 선물을 기대
할 수 있게 되었다.

『주역』은 우리의 삶이 우주의 흐름과 같은 리듬을 타
고 흘러간다고 말한다. 그러므로 엄동설한에 꽃피는 봄을
예감할 줄 알 것, 하루 중 가장 어둡고 가장 추운 그때가 바

로 여명이 시작되는 지점임을 알 것, 절망과 희망, 고통과
행복, 슬픔과 기쁨, 화와 복은 서로 열렬히 사랑하는 대대적
관계로 존재한다는 사실을 알 것, 그리고 인생길 구비마다
우리를 기다리는 선물이 있음을 알 것. 이것이 『주역』이 우
리에게 가르쳐주는 희망의 메시지이다. 『주역』은 이런 변화
의 법칙을 알고 그 흐름을 타고 살아가라고 말한다. 눈물꽃
이 지지 않는 이 세상에 살면서도 여전히 희망의 노래를 부
를 수 있는 까닭이 바로 여기에 있다.

어른을 위한
고전의 숲

초판 1쇄 발행 2025년 3월 12일
초판 2쇄 발행 2025년 4월 16일
지은이 강경희
펴낸이 김선준

기획편집 배윤주
편집2팀 문주영 **디자인** 김예은
마케팅팀 권두리, 이진규, 신동빈
홍보팀 조아란, 장태수, 이은정, 권희, 박미정, 조문정, 이건희, 박지훈, 송수연, 김수빈
경영관리팀 송현주, 윤이경, 정수연

펴낸곳 ㈜콘텐츠그룹 포레스트
출판등록 2021년 4월 16일 제2021-000079호
주소 서울시 영등포구 여의대로 108 파크원타워1 28층
전화 02)332-5855 **팩스** 070)4170-4865
홈페이지 www.forestbooks.co.kr
종이 ㈜월드페이퍼 **출력·인쇄·후가공** 더블비 **제본** 책공감

ISBN 979-11-94530-22-0(03150)

㈜콘텐츠그룹 포레스트는 독자 여러분의 책에 관한 아이디어와 원고 투고를 기다리고 있습니다.
책 출간을 원하시는 분은 이메일 writer@forestbooks.co.kr로 간단한 개요와 취지, 연락처 등을
보내주세요. '독자의 꿈이 이뤄지는 숲, 포레스트'에서 작가의 꿈을 이루세요.